Πέτρος Πατούνας

I0448635

# Η Σκηνή στη Σκηνή του Κόσμου

2015

## Προ του Λόγου

Πριν από μερικά χρόνια μέσα από «τυχαίες» περιστάσεις, σε κάθε τυχαίο και η δικιά μας ενεργή συμμετοχή όπως παρατηρεί ο Φρόυντ, γνωρίστηκα με τον Πέτρο Πατούνα. Είχε αποφασίσει να επιστρέψει στην Κύπρο από το εξωτερικό και να εισάγει τη Λακανική ψυχανάλυση στη ζωή των ανθρώπων του τόπου μας. Από τις πρώτες του κιόλας κουβέντες μου κίνησε το ενδιαφέρον. Μίλησε για την ίδια τη ζωή, για καθημερινά κοινωνικά θέματα μέσα από ψυχαναλυτική σκοπιά. Μέσα από αυτά άκουγα τα δικά μου, τελικά μου κινεί την επιθυμία για ψυχανάλυση.

Το χάρισμα του Πέτρου να κινεί την επιθυμία το είχα παρατηρήσει σε όλες του τις κοινωνικές συναναστροφές. Άλλοτε με χιούμορ και άλλοτε με αυστηρό ύφος να εκφέρει αλήθειες στη γραμμή της ηθικής. Έχει γίνει ενσάρκωση της Λακανικής ψυχανάλυσης μέσα στη ζωή, διότι εξάλλου η ψυχανάλυση αυτό αφορά, την ίδια τη ζωή.

Με τον ίδιο προσανατολισμό ο Πέτρος έγραψε τα άρθρα, τα οποία απαρτίζουν την παρούσα έκδοση. Μέσα στους ελεύθερους συνειρμούς του, τα καθημερινά περιστατικά που περιγράφει στα κείμενά του, η σκηνή της κοινωνίας, του κόσμου που ζούμε, ξετυλίγουν το ασυνείδητο του αναγνώστη και δημιουργούν προβληματισμούς και προσωπικά ερωτήματα. Το κάθε ερώτημα δεν αποτελεί μόνο μια αναζήτηση λύσης, αλλά παράλληλα αποκαλύπτει μια επιθυμία από την οποία το υποκείμενο είναι αποστασιοποιημένο, την επιθυμία που αφήνει εκτός του οικοδομήματος της σκηνής.

Το βιβλίο αυτό είναι μια συλλογή κειμένων του που έχουν αναρτηθεί κατά καιρούς σε διάφορους ιστότοπους. Τα ασπάστηκαν πολλοί άνθρωποι, και τα ίδια τα κείμενα ασπάστηκαν πολλούς ανθρώπους. Διότι τις αλήθειες συνήθως δεν τις βρίσκουμε, μας προλαβαίνουν αυτές, μας βρίσκουν. Μας βρίσκουν θεατές, μαζί και ηθοποιούς σε όλους τους ρόλους μιας δικής μας σκηνής, μιας σκηνής πάνω στη σκηνή του κόσμου.


Άγγελος Τσιαλίδης

Λακανικός Ψυχαναλυτής


Λεμεσός, 8 Μαρτίου 2015

# Το Μυστήριο του Όντος που Ό-μιλάει.

Η Λακανική Ψυχανάλυση ανταποκρίνεται στο ανθρώπινο μυστήριο, ένα αίνιγμα που ίσως διαφαίνεται ελλιπές μέσα από ερωτήματα όπως «Τι μου συμβαίνει;», «Τι γίνεται;», ή, ακόμα, «Γιατί αυτό να συμβαίνει σ'εμένα;». Τη στιγμή που ο άνθρωπος κάνει το πρώτο βήμα και πράττει προς την επικοινωνία με τον ψυχαναλυτή, θα μπορούσαμε να πούμε ότι το μυστήριο του αινίγματος, η απάντηση του οποίου βρίσκεται στην προσωπική εμπειρία του καθενός, αρχίζει να ξεδιαλύνεται, αφού η δυστυχία και ο τρόπος που ένα υποκείμενο υποφέρει δεν είναι θέματα ξεκάθαρα: η αξιοπρέπεια, η αγάπη και η επιβίωση – όλα αυτά τα σημαντικά συστατικά του τι είναι άνθρωπος – περικλείουν σε αυτά τη δυστυχία, οπότε ο διαχωρισμός του υποκειμένου από τη δυστυχία δεν μπορεί να είναι παρά ένα θέμα πολύπλευρο και ευαίσθητο.

Η σημερινή κουλτούρα, στη διαρκή κίνηση και αστάθεια που βρίσκεται, παράγει απότομες και τρομαχτικές αλλαγές που επιδρούν στην ταυτότητα και στα σταθερά σημεία αναφοράς κάθε πολιτισμού· καθώς οι παραδοσιακές πυξίδες και συντεταγμένες των ταυτίσεων χαλαρώνουν, με μερικές να εξαφανίζονται εντελώς, το άγχος γίνεται απεριόριστο και το υποκείμενο υποφέρει από αυτήν την ασυδοσία με τη μορφή συμπτωμάτων. Παρόλο που το «υποφέρω» μπορεί να διαφέρει στο αίτιο και στο μέγεθος, το άγχος προσφέρει – με το ανάλογο τίμημα – και μια οδυνηρή σταθερότητα στο υποκείμενο που υποφέρει. Οπότε, για την ψυχανάλυση, το σύμπτωμα είναι μια προσπάθεια για λύση που προσπαθεί να δέσει και να σταθεροποιήσει την ταυτότητα και την αγωνία.

Επιστημονικές και τεχνολογικές εξελίξεις στην εποχή μας, έχουν μεταμορφώσει την ικανότητα μας να θεραπεύσουμε τις αδυναμίες του βιολογικού σώματος – ο Νους, όχι της βιολογίας αλλά του «βίαιου Λόγου» που διαμορφώνει το υποκείμενο του ασυνειδήτου, έχει μείνει μετέωρος σε αυτήν την εξέλιξη περιμένοντας να φτιαχτεί από τα έξω – έτσι το υποκείμενο θεωρείται «άρρωστο» και «ανισόρροπο» που χρειάζεται να γίνει ισότιμο με ένα κανονικό σχέδιο, δηλαδή ένα πρότυπο συμπεριφοράς ή κουλτούρας. Η «γιατρειά», η «θεραπεία» του Νου δεν είναι μια διαδικασία ή ένα «φάρμακο», ούτε μια τεχνική που μπορεί να δοθεί ή να χορηγηθεί στο υποκείμενο από κάποιον άλλο – δεν εμπίπτει στη φόρμουλα του γιατρού, του μάγου, ή του θεραπευτή, που θα δώσει θεραπεία σε κάτι που, τελικά δε γνωρίζει.


Ο ψυχαναλυτής, αντιθέτως από ένα γιατρό, δεν υπόσχεται θεραπεία, ούτε θαυματουργική μεταμόρφωση του πόνου σε ευτυχία, και παρόλο που η κλινική εμπειρία δείχνει ότι η ψυχανάλυση έχει θεραπευτικά αποτελέσματα, η διαδικασία δεν μπορεί να στοχεύσει σε αυτά χωρίς να ενδυναμωθεί το σύμπτωμα: ούτε τα αποτελέσματα μπορούν να προβλεφθούν, σε σειρά ή κατεύθυνση. Επίσης, ο ψυχαναλυτής, για να «θεραπεύσει» το υποκείμενο που υποφέρει, πρέπει να ζητήσει από το ίδιο το υποκείμενο να περάσει πέραν της ευχαρίστησης της άγνοιας του, και να ξεκινήσει ένα έργο φιλίας με τη δική του γνώση. Αυτή η γνώση δεν είναι ένα πράγμα απλό – το υποκείμενο δε γνωρίζει ότι γνωρίζει – ίσως την ώρα που θα απευθυνθεί σε έναν ψυχαναλυτή να έχει μιαν ιδέα ότι το σύμπτωμα της/του είναι σημείο για «κάτι» χωρίς να γνωρίζει όμως τι. Για να αποκτήσει ο αναλυόμενος πρόσβαση σε αυτό, όχι σε κάποιου είδους μυστικό αλλά, με ακρίβεια, στο μυστήριο της ανθρώπινης ύπαρξης, του υποκειμένου που μιλάει –η ψυχανάλυση διαδραματίζεται μέσω ομιλίας, κατά βάση, μια πορεία θα μπορούσαμε να πούμε, από την ομιλία στη σιωπή: διαφορετική από εκείνη του συμπτώματος- στο σημείο εκείνο που το υποκείμενο, πλέον, δεν έχει την ανάγκη να συνεχίσει να απευθύνει το λόγο του προς τον ψυχαναλυτή.

# Το Κάλεσμα προς τον Ψυχαναλυτή.

Η ψυχανάλυση απευθύνεται στο υποκείμενο του ασυνειδήτου, το τι δηλαδή, σημαίνει το ανθρώπινο ον, ή, καλύτερα, το ομιλούν ον, ένα ον που δεν είναι αποτέλεσμα της βιολογίας αλλά του βίαιου-Λόγου που σχηματίζει την ύπαρξη· έτσι, αντί να αντιμετωπίσει κάποιον σαν ένα ον άρρωστο, παράλογο, τρελό, επειδή παρουσιάζει συμπτώματα «ψυχολογικά», ή, να χαρακτηρίσει κάτι σε μια χρονική στιγμή και κουλτούρα σαν παθολογικό, εάν βέβαια αυτά τα συμπτώματα συγκριθούν με μια εικόνα του τι είναι νορμάλ, η ψυχανάλυση του Λακάν με βάση τις κατευθυντήριες γραμμές του Φρόυντ, ακούει το ον που, αν και Ομιλεί, παραμένει άγνωστο ως προς το λόγο που εκφέρει· και, που διαμέσου αυτού του λόγου διαγράφει τον τρόπο που υποφέρει στη ζωή του, που είναι εκτός του έλεγχου και της συνείδησης του. Οπότε, αντί να γίνεται μια διαδικασία απαλλαγής του συμπτώματος, η ψυχανάλυση εξερευνά τις υποβόσκουσες αιτίες και αιτήματα αυτών των συμπτωμάτων, αυτών των ιδιόμορφων τρόπων, διαμέσου των οποίων το κάθε υποκείμενο υποφέρει και απολαμβάνει- ζει δηλαδή. Το σύμπτωμα, με λίγα λόγια είναι ένα ιδανικό που αποτυγχάνει, ακόμα και μέσω της σωματικής οδού.


Αυτό που χαρακτηρίζεται ως παθογόνο, κατά συνέπεια, δεν είναι εκείνο που νομίζει ο αναλυτής αλλά το τι αναγράφεται στις συνεδρίες και για το οποίο το άτομο δημιουργεί ερωτήματα. Αυτή η κίνηση προς την αιτία είναι μια προσπάθεια για συγκεκριμένη δουλειά, που αν ακολουθηθεί, η διαδικασία της ευθύνης των προσωπικών ανακαλύψεων, θα έχει σημαντικά και συγκλονιστικά αποτελέσματα στο πώς αποφασίζει το εν-λόγω υποκείμενο να ζήσει τη ζωή του, με την ευθύνη και το τίμημα που φέρει η πράξη προς την επιθυμία, και, παράλληλα, προς την υπέρ-απόλαυση. Ο κάθε αναλυόμενος καλείται να δημιουργήσει τη δική του ψυχανάλυση και τα μοναδικά σημεία αναφοράς του, γιατί, η ψυχανάλυση, αποτελεί ένα προσωπικό δημιούργημα που δεν υπάρχει από πριν στο μυαλό του αναλυτή αλλά ούτε και του αναλυόμενου, εφόσον αυτό που διαδραματίζεται στις συνεδρίες είναι ψυχανάλυση.

Η ψυχαναλυτική συνεδρία είναι ένας χώρος, όπου είναι δυνατό το υποκείμενο να μιλήσει για το τι το προβληματίζει , στη σχέση του με ένα Άλλο, και αυτό μπορεί να γίνει σε επανάληψη όπου η υπεραξία αυτών των λέξεων να χαθεί- να μην είναι πλέον αναγκαία. Με την προσφορά της συνεδρίας, ο ψυχαναλυτής προσφέρεται στο να ακούσει τον αναλυόμενο, και επιτρέπει σε εκείνο το υποκείμενο που ομιλείται, ανάμεσα και ενδιάμεσα του λόγου, να ακουστεί – ο κανόνας της ψυχανάλυσης είναι ο ελεύθερος συνειρμός. Το υποκείμενο καλείται να μιλήσει για ό,τι περνά από το μυαλό του, ανεξαρτήτως αν είναι άσχετο, άρρωστο, τρελό, ανόητο. Με αυτόν τον τρόπο, αυτόν τον απλό κανόνα, ξεπερνάει το κοινωνικό όριο και την εντολή «του να δίνει νόημα σε ό,τι λέει». Αυτά δεν είναι όλα όσα αφορούν μια ψυχανάλυση- για την αλήθεια, δεν είναι τίποτε μπροστά στο πραγματικό του βιώματος της συνεδρίας· μα είναι μια αρχή.

# Η ΜΕΡΑ ΤΗΣ ΚΡΙΣΕΩΣ: ΩΡΑ ΚΥΠΡΟΥ.

Αυτή η πολύχρωμη εικόνα, που, λόγω της κακής ποιότητας, των αριθμών των λεγόμενων pixels και της χαμηλής επιστημονικής αιμοσφαιρίνης τους, αν καταλαβαίνουμε σωστά την οπτική επιστήμη, δεν είναι και πολύ ευδιάκριτη, παρουσιάζει τη Μέρα της Κρίσεως με το φαντασμαγορικό, σχεδόν μπαρόκ τρόπο που την αγαλλίασε με χρώμα η φαντασία ενός ζωγράφου· είναι βασισμένη σε μια κρίση που, λέγεται, θα επέλθει, σε κάποια άγνωστη ώρα και μέρα του μέλλοντος χρόνου, και που θα διαχωρίσει τα άσπρα από τα μαύρα ερίφια σε ξεχωριστές μάντρες, την κόλαση και τον παράδεισο. Αν χρησιμοποιήσουμε και εμείς λίγο τη φαντασία μας, κάτι που είναι αναγκαίο διότι ο πίνακας είναι θολός λόγω του προαναφερθέντος συνδυασμού των pixels, μπορούμε να διακρίνουμε μερικούς από τους πρωταγωνιστές αυτής της κρίσης.


Από τα αριστερά, έστω και αν τα «λεπτά» χαρακτηριστικά του δεν είναι ξεκάθαρα, μπορούμε να δούμε μια γιγαντιαία φιγούρα σε σχέση με τις υπόλοιπες φιγούρες γύρω της, να οδηγεί μια μάζα γυμνών ανθρώπων προς ένα κτήριο· αυτή η τεράστια φιγούρα, που αν βρισκόταν σε μια αθλητική φωτογραφία θα επρόκειτο για μπασκετμπολίστα ολκής, δεν είναι άλλη από τον αρχιεπίσκοπο Κύπρου, αφού μόνο αυτός θα οδηγούσε το λαό, ξεγυμνωμένο και φτωχότατο προς το να συνεισφέρει στην Αγία Τράπεζα. Στη μεσαία εικόνα, αυτήν η οποία κατέχει το μεγαλύτερο εμβαδόν του τριπτύχου, και, που στο μέσο, απάνω, μπορούμε να δούμε τη φιγούρα του Κριτή

Ιησού Χριστού, διακρίνουμε δύο σειρές από καθιστά άτομα· στη δεξιά σειρά, νομίζω το τρίτο άτομο από τα κάτω προς τα πάνω, κάθεται ο κύριος Χριστόφιας· μάλλον είναι αυτός επειδή μόνο ένας αριστερός Ομονοιάτης θα φορούσε τα πράσινα χρώματα της Ομόνοιας τη μέρα της κρίσεως. Πίσω του ακριβώς βρίσκεται μια άλλη φιγούρα, το ίδιο θολή, μα που προκαλεί την εντύπωση ότι οι άλλοι του έχουν γυρίσει την πλάτη- πρόκειται για άντρα γι' αυτό και η χρήση του «του» αντί του «της», έστω και αν μιλούσαμε για φιγούρα, με κάποια γραμματική παραπομπή σε γένος θηλυκό. Αν κάνουμε τα νοητικά μαθηματικά και κρίνουμε από την κίνηση των χεριών του, ίσως να πρόκειται για το βουλευτή κύριο Τορναρίτη, που ακόμα και αυτή τη μέρα μιλά μόνος του, και γι' αυτό του γύρισαν τη πλάτη- επειδή πρόκειται για ένα πρήχτη που και ο Ιησούς στην ίδια εικόνα δεν του δίνει σημασία, λέγοντάς του ότι «Το πολύ Κύριε ελέησον βαριέται το και ο Θεός».


Στη αριστερή πλευρά, στην εικόνα που βρίσκεται η αγία τράπεζα του προαναφερθέντος αρχιεπισκόπου, στο τέλος της σειράς που

14

υποτίθεται οδηγεί στον παράδεισο, μπορούμε να διακρίνουμε δύο σχεδόν σκελετωμένες φιγούρες: μάλλον θα πρόκειται για τους δύο υπουργούς οικονομικών Χαρίλαο Σταυράκη και Χάρη Γεωργιάδη, αν και θα μπορούσαν να τοποθετηθούν με άνεση στο δεξιό τρίπτυχο, εκείνο της κολάσεως, λόγω της ηχητικής και φωνητικής ομοιότητας του μικρού ονόματος τους με το Χάρο. Σε μια από τις δύο φιγούρες, η γιγαντιαία παρουσία του αρχιεπισκόπου φαίνεται να φωνάζει και να υποδεικνύει το δρόμο, σαν να λέει «Πού πάεις ρε παλαβέ, είπα σου από εδώ, μα δεν ακούεις»· ο λεπτός παλαβός που δεν ακούει, σύμφωνα πάντα με τον, όχι και τόσο ευγενικό, αρθρωμένο λόγο της αρχιεπισκοπικής φιγούρας, είναι ο ένας από τους δύο υπουργούς οικονομικών, και, στο ερώτημα ποιός από τους δύο να είναι, η παρατήρηση της εικόνας θα μας διαφωτίσει, έστω και με τη χρήση μεγεθυντικού φακού που δεν θα ήταν αναγκαίος αν η εικόνα ήταν μεγαλύτερη και πιο λίγο θολή, γιατί θα ήταν πολύ εύκολο να διακρίνουμε τα τεράστια ώτα του ενός από τους δύο υπουργούς- εκείνου που προωθεί λύσεις για τη κρίση χωρίς να ακούει τη σπαράζουσα φωνή του λαού, παρόλο του εξωγήινου μεγέθους των οργάνων ακοής του. Σε αυτήν την περίπτωση, τότε, θα ήταν λάθος να

15

χρησιμοποιηθεί εδώ η ρήση του ευαγγελιστή Ματθαίου «ὁ ἔχων ὦτα ἀκουέτω».

Στο πάνω μέρος της μεσαίας εικόνας βλέπουμε, μέσα από την θολούρα που απλώνεται σαν ομίχλη αστιγματισμού, μια μορφή, μια άλλη φιγούρα να ίπταται, που είναι ο κύριος Περδίκης, αφού δεν θα μπορούσε να είναι τίποτε άλλο από ένα πουλί που κράζει ακόμα και στη Δευτέρα Παρουσία, τη μέρα της κρίσης. Προχωρώντας με το βλέμμα μας, στο ακριβώς κάτω μέρος της ίδιας εικόνας, βλέπουμε μια μαύρη μορφή, που αρχικά ένας θρησκευόμενος θα μπει στον πειρασμό να πει, ότι αυτός ο μαυροφορεμένος είναι ο αρχάγγελος της δικαιοσύνης, υποστηρίζοντας την ερμηνεία του από την στάση της φιγούρας και από τις ιστορίες που ακούονται για τη μέρα της κρίσεως, αλλά και από την ζυγαριά που κρατά στα χέρια του· αυτή είναι μια λανθασμένη ερμηνεία, επειδή ο μαύρος Δαίμονας που ζυγίζει τη δικαιοσύνη, η φιγούρα που περιγράφουμε δηλαδή, δεν μπορεί να είναι άλλος από τον κύριο Αναστασιάδη, διότι μόνο ένας αναίσθητος κατσικοκλέφτης θα κρατούσε

16

τη λεγόμενη πιλάντζα και το καντάρι ζυγίζοντας ανθρώπους, ενώ ο κόσμος χάνεται.

Τελειώνοντας, θα πρέπει να στρέψουμε το μάτι μας προς το μέρος της μεσαίας εικόνας πάλιν, ή, αν ακόμα κοιτάζουμε την προηγούμενη φιγούρα, άπλα να μετακινηθούμε λίγο ακόμα πιο κάτω από τα πόδια της μαύρης φιγούρας, όπου βρίσκεται ένας γυμνός κύριος· εκ πρώτης όψεως, η οριζοντιωμένη στάση του γυμνού του σώματος ως προς το έδαφος, μας ωθεί στο να νομίσουμε ότι πρόκειται περί ατόμου μετανιωμένου, κάποιου, δηλαδή, που ζητά συχώρεση από τον αρχάγγελο με τη πιλάντζα: κατ' ακρίβεια, πρόκειται για τον κύριο Κάρογιαν, και δεν ζητάει συχώρεση, μόνο επειδή πάντα νομίζει ότι είναι σωστός· υπάρχει ακόμα ένας άλλος λόγος, πολύ βαθύτερος: η στάση του, δεν είναι εκείνη της μετάνοιας, αλλά εκείνη του γυμνασμένου playboy, που γυμνάζει το κορμί του επειδή έχει ακούσει ότι στον κήπο της Εδέμ είναι όλοι γυμνοί και σκέφτηκε να τους κανονίσει.

# Κρίση Πανικού: οι Ερωτήσεις της «Μαρίας».

-«Γιατί είσαι εδώ Μαρία»;

-«Θέλω να κάνω ψυχανάλυση· υποφέρω από κρίσεις πανικού εδώ και 5 χρόνια. Είμαι σε φαρμακευτική αγωγή, τέσσερα χρόνια τώρα».

-«Ας αρχίσουμε».

Ας αρχίσουμε με μια απλή ερώτηση: γιατί ήρθε η Μαρία; Εκείνο που την έκανε να υποφέρει ήταν τα ερωτήματα που δεν μπορούσε να εξηγήσει· ούτε να δεχθεί τις απαντήσεις που τις έδιναν οι άλλοι, ειδικοί και μη: χρειαζόταν μια δική της δημιουργία, λέξη προς λέξη, στο δικό της χρόνο. Σιγά -σιγά, άρχισε να μιλά, να ομιλεί με έναν τρόπο που δε μίλησε ποτέ της, ελεύθερα, για πράγματα που δεν μίλησε ποτέ με κανέναν, να τα βάλει σε τάξη, πράγματα, λέξεις, που ήταν άγνωστα ακόμα και στον ίδιο της τον εαυτό: σιγά σιγά, σε πραγματικό χρόνο, δικό της, δημιούργησε νόημα, που δεν ήταν αρκετό· σιγά σιγά, βρήκε την πυξίδα της για να

κατευθυνθεί στη διαδρομή της- δική της πλέον
και όχι καθοδηγούμενη.


Δε χανόταν πια στους δρόμους, ούτε φοβόταν
τις στροφές. Είχε πλέον τη δική της θέση στη
ζωή και η επιθυμία της, την οριοθετούσε και
την κατεύθυνε· δεν τη διαπραγματευόταν πια,
και δεν ήταν αναγκαίος ο πανικός να την
διατηρήσει μακριά από το κενό της ύπαρξής
της- εκείνο που η πράξη προς την επιθυμία το
έκανε πολύτιμο.


Το σώμα και ο οργανισμός είναι διαφορετικά
πράγματα, αν και τα σημαίνοντα τα δένουν και
χρησιμοποιεί το ένα το άλλο- το ένα της
βιολογίας και το άλλο, πραγματικά Άλλο σώμα,
είναι το αποτέλεσμα της έκθεσης του
οργανισμού στις λέξεις του Άλλου, του βίαιου-
λόγου που πραγματώνει την ανθρώπινη ύπαρξη:
μέσα από ερωτήματα, ή, μάλλον να γράψουμε,
μέσα από απαντήσεις που δεν έχουν
ερωτήματα. Ένα σώμα που μαστιγώνεται από
κρίσεις πανικού είναι ένα σώμα που ομιλείται
από το Πραγματικό, το μη υποταγμένο στο

συμβολικό νόμο της γλώσσας, δηλαδή, δεν ομιλεί- ο Φρόυντ απαντά στο αίνιγμα, του, τι είναι ένα σώμα, με το να πει πως είναι φτιαγμένο από λέξεις, εκείνο που ο Λακάν θα ονομάσει, αργότερα, μέσα από ένα ερώτημα λογοπαίγνιο, τι είναι το ομιλούν ον: απλά, ένα ον που ομιλεί· που μιλά και δεν ξέρει τι λέει.

Οι ιατρικές εξετάσεις της Μαρίας, για χρόνια, δεν έδειχναν το παραμικρό και διάφορες ανησυχίες για παθήσεις, ευτυχώς, δεν επαληθευτήκαν ποτέ· εκείνη όμως δεν σταματούσε να υποφέρει, να απομονώνεται, να τρομάζει, να ζει στο χρόνο του μέλλοντος, να έχει πανικούς.

-«Θα σταματήσω να έρχομαι· δεν έχω πλέον ερωτήματα».

Είχε τελειώσει η ψυχανάλυση της:

-«Μα αγαπητή μου, τελειώσαμε επειδή ακριβώς, τώρα, έχεις ερωτήματα».

Χαμογέλασε- μπορούσε να οδηγήσει το σώμα της πλέον, να είναι στο τιμόνι με την ευθύνη που αυτό περιλαμβάνει σαν λειτουργία.

## Σώμα και Οργανισμός.

Υπάρχουν πολλά που θα μπορούσαν να γραφτούν για ένα σώμα, με ακρίβεια, στην προσπάθεια να απαντηθεί το ερώτημα του τι είναι ένα ανθρώπινο σώμα, το αίνιγμα δηλαδή που προκαλεί την ανάγκη για απαντήσεις. Σε ένα από τα σεμινάρια του ο Λακάν είπε, μίλησε για το σώμα- «το ζώο δεν έχει σώμα· το ζώο είναι απλά οργανισμός». Ας αναρωτηθούμε για το τι ήθελε να πει ο Γάλλος ψυχαναλυτής, με το να σκεφτούμε την εικόνα του σώματος στην ανορεξία, που ο οργανισμός, σε συσχέτιση με το τι βλέπει στον καθρέφτη αυτό το συγκεκριμένο υποκείμενο, διαφέρει σε επίπεδο χάσματος ενός πραγματικού: γι' αυτό και ο ψυχαναλυτής, όταν ακούει το ανορεκτικό άτομο, ακούει κάποιον υπέρβαρο, αφού εκείνο που ενοχλεί αυτό το άτομο, το θέμα που είναι προβληματικό για την ύπαρξή του, στ' αλήθεια, είναι το «βάρος» που κουβαλά και όχι ο σκελετωμένος οργανισμός: εκείνο που το βασανίζει και το θέτει κάτω από το δόρυ, το ανθρώπινο, του «υποφέρω» δεν είναι ο οργανισμός αλλά το εν λόγω σώμα.

Τι είναι εκείνο που μας δικαιολογεί, που μας υποστηρίζει, όταν λέμε ότι έχουμε ένα σώμα, ή, καλύτερα, όταν με βεβαιότητα συλλαβίζουμε τη φράση «Εγώ έχω ένα σώμα»; Σαν υποκείμενα του λόγου, μπορούμε και χωρίς το σώμα· συγκεκριμένα, με εκείνη την εικόνα του σώματος στην οποία μπαίνουμε με τη γέννηση μας, αφού εκείνη προϋπάρχει- μιλιέται πριν από τον οργανισμό, και ζει μετά το θάνατο του οργανισμού μέσω του λόγου του Άλλου. Για να γίνει αυτό, πολύ δυσκολότερα για τα θηλυκά υποκείμενα, χρειάζονται άλλα σημεία αναφοράς, μεταξύ άλλων. Το κείμενο, το υπο-κείμενο, με άλλα λόγια, της ύπαρξής μας σαν άνθρωποι, υπάρχει πολύ πριν τοποθετήσει σε ένα οργανισμό, έτσι, θα ήταν συνετό να γραφτεί ότι το σώμα ζει κατά πολύ περισσότερο του οργανισμού.

Δεν θα ήταν σωστό να μιλήσουμε για πνεύματα και φαντάσματα- ο λόγος που σημαδεύει την ύπαρξή μας δεν ανήκει σε αυτήν την κατηγορία σκέψεως, κατηγορηματικά· θα πούμε πολλά, σίγουρα, για το σώμα, σε άλλα άρθρα, αφού είναι μεταξύ των αντικείμενων της ψυχανάλυσης.

# Ανορεξία: Η Κραυγή της Γεωργίας.

Η οικογένεια ήταν στην ώρα της- σχεδόν, αφού ο πατέρας, ο οδηγός του αυτοκινήτου, προβληματιζόταν για το πού θα έβρισκε χώρο για στάθμευση· προβληματιζόταν τόσο όσο και για το ποια ήταν η θέση του σαν πατέρας, την λειτουργία, δηλαδή, που θα μπορούσε να ισορροπήσει την οικογενειακή γεωγραφία. Συγχυσμένοι, ίσως και χαμένοι στο χώρο, σε ένα ιδεώδες θα μπορούσαμε να πούμε· τους έδειξα που θα έπρεπε να καθίσουν, ήταν τρεις, η μανά, η κόρη και ο πατέρας- η κόρη έκατσε στη μέση.

Ο πατέρας έσπασε τη σιωπή του δωματίου και άρχισε να μιλάει, να οργώνει το χώρο, να γεμίζει κάθε του γωνιά και εκατοστόμετρο, να απαντά σε μια ερώτηση που δεν του τέθηκε· συνέχισε να μιλάει, μόνος του, και, αυτό που δε γνώριζε ότι έλεγε ήταν πως, ενώ είχαν έρθει για το «πρόβλημα της ανορεξίας», αναφερόταν στην

άλλη κόρη, την άριστη σε όλα· η μικρή που
καθόταν στη μέση των γονιών της, δεν
μπορούσε να αρθρώσει λέξη και να διακόψει, να
προσφέρει μια γνώμη, ή, να αντικρούσει το
ακατάπαυστο διαλεκτικό του πατέρα, που,
μόλις εκείνος έκανε παύση για την αναγκαία
αναπνοή, ακουγόταν η φωνή και η γνώμη της
μητέρας, καθόλου διαφορετική από εκείνη του
πατέρα- δεν υπήρχαν δύο γονιοί: υπήρχε μόνο
μία Φωνή, ένα αντικείμενο επιθυμίας που
συνέτριβε το σώμα της μικρής κόρης. Η κόρη
τίποτε· ήταν ο μαγνητισμός που κρατούσε τις
συμπληγάδες σε κίνηση, και, μέσα από αυτήν τη
γραπτή αναφορά στο «τίποτε», επέρχεται στη
σκέψη μου ο Λακάν, όταν ανέφερε πως το
αντικείμενο επιθυμίας του ανορεκτικού είναι το
Τίποτε: ανορεκτικός δεν είναι εκείνο το
υποκείμενο που δεν τρώει, αλλά εκείνο το
υποκείμενο που τρώει το Τίποτε, αρνείται
δηλαδή την αγάπη αφού το χέρι που το τάιζε
είχε, ακριβώς, πολύ αγάπη, αποπνικτική,
θανατηφόρα.


Διέκοψα τους γονείς· η κόρη ανάπνευσε, το
πρόσωπο της έχασε λίγη από τη σκληράδα που

το κτυπούσε- σχεδόν χαμογέλασε· σχεδόν:
«Πότε είχε ανορεξία η κόρη σας»;

- « Ένα χρόνο πριν», απάντησε ο πατέρας.

- «Τι έγινε»;

- «Την πήρα στο σχολειό όπως την έπαιρνα
κάθε πρωί· κατέβηκε και σε κάποια στιγμή μου
είπε: Παπά, δεν μπορώ να σηκώσω τη βαλίτσα
μου. Είναι 54 κιλά τώρα· πριν την ανορεξία
ήταν 60· κατέβηκα από το αυτοκίνητο, πήρα τη
βαλίτσα και πήγαμε στο γιατρό· η κόρη μου
είχε γίνει 29 κιλά».

- «Έχασε δηλαδή περίπου 30 κιλά βάρους
χωρίς να το παρατηρήσετε». Σε αυτό το σχόλιο
τα ματιά της κόρης γέμισαν με φως· ήξερα, θα
τα έπαιρνε μαζί της, αυτά τα λόγια, για πάντα·
κάποιος σημάδεψε, σα μάρτυρας, το βάσανό
της· ήταν αρκετό για εκείνη την περίοδο.

- «Το προσέξαμε σε κάποια φάση αλλά
νομίζαμε πως ήθελε να χάσει βάρος, όπως
κάνουν οι έφηβες αυτές τις μέρες».

Αυτό ακριβώς είχε γίνει κύριε: πράγματι, ήθελε να χάσει βάρος- εκείνο που τελικά δέχτηκε να κουβαλήσει ο πατέρας εκείνη τη μέρα στο σχολείο, όταν τελικά κατάφερε να στρέψει το βλέμμα του προς την κόρη, εκείνη που δεν μπορούσε να υπάρξει στην πατρική φαντασίωση εκτός σαν αποτυχία, σαν αρρώστια.

## Περί Αγάπης και Κοπράνων.

«Θα σου δώσω αυτό που δεν έχω, και το οποίο εσύ δεν το χρειάζεσαι»: αυτή την ά-λογη λογική αποτύπωσε ο Λακάν στο έργο του, σαν τη βασική έκφραση της αγάπης- μέσα από τη φαντασία της υπόθεσης πως μπορεί να υπάρξει η ιδανική σχέση μεταξύ των φύλων, και, βασίζεται στη φαντασίωση της πληρότητας.

Η «Μαρία» αγάπησε ένα χαρτοπαίχτη- από εκείνους που ποτέ δεν μπορούν να αγαπήσουν· η γυναίκα για εκείνον ήταν ένα αντικείμενο στο οποίο έδινε την ίδια αξία όσο και στα λεφτά: δηλαδή τίποτε. Για το συγκεκριμένο χαρτοπαίχτη, ίσως και για όλους, δεν μπορώ να πω για όλους, τα λεφτά δεν έχουν αξία- ούτε η γυναίκα σα σύντροφος· η αξία της Μαρίας ήταν αυτή του αντικειμένου, των κοπράνων που πρέπει να χαθούν για να πάρουν λάμψη και αίγλη στην απουσία τους, να κερδηθούν μόνο για να απορριφθούν ξανά: αυτή είναι η άρνηση να απαλλαγεί ο διαστροφικός από το φετίχ του, ένα αντικείμενο που ενσωμάτωνε η κοπέλα στην απολαυστική φαντασίωση του συγκεκριμένου υποκειμένου.

Την απέρριπτε και την έπαιρνε πίσω όποτε ήθελε· ας αναφέρουμε ότι ο διαστροφικός δεν θέλει αντικείμενα, αλλά υποκείμενα που θα μετατρέψει σε αντικείμενα: το άγγιγμα του Μίδα από την ανάποδη, δηλαδή, το να αγγίζει χρυσό και να τον μεταλλάσει σε κόπρανα. Της πήρε πολύ χρόνο- και η αλήθεια να λέγετε ο χρόνος είναι δευτερεύον αφού το τραύμα του καθενός είναι άχρονο- να βάλει τέλος σε αυτό το ποντάρισμα του σώματος της, στο να, ας σημειώσουμε, σταματήσει να λέει πλέον «Μα τον αγαπώ, δε μπορώ χωρίς αυτόν, οπότε να υποφέρω».

Η ερώτηση η δική της, σε αντίθεση με τα όσα είπαμε για το χαρτοπαίχτη, τα πολύ γενικά, ήταν το, όχι ποια ήταν η αξία και χρήση της για το χαρτοπαίχτη, αλλά, ποια ήταν η χρήση του στη δική της ζωή, στη δική της φαντασίωση που

30

περικλειόταν με αυτού του είδους αγάπη· σε εκείνο το «Αφού τον αγαπώ, γι' αυτό θα υποφέρω», μιας αγάπης γεμάτης κόπρανα. Ας το τραβήξουμε ακόμη λίγο με το να αναρωτηθούμε ποια ήταν η ευχαρίστηση της Μαρίας σε αυτό που την έκανε να υποφέρει, μια ευχαρίστηση, Jouissance, την ονόμασε ο Λακάν, που διέπει τις ανθρώπινες σχέσεις.


Ποιο ήταν το σύμπτωμα της Μαρίας, εκείνης της επονομαζόμενης Μαρίας, αν όχι το ότι απολάμβανε το να είναι το θύμα στη φαντασίωση ενός σαδιστή; Δεν πήγε στο ψυχαναλυτή επειδή υπέφερε, αλλά γιατί υπέρ-απολάμβανε το σύμπτωμα της, σε τέτοιο βαθμό ώστε αυτό να μην είναι απολαυστικό αλλά βασανιστικό.

## Ένας Γάμος: Καθόλου Κυπριακός.

Ας ξαναγράψουμε για μια Μαρία, ένα μυθικό
χαρακτήρα εκφραζόμενο μέσα από αυτά τα
άρθρα και βαφτισμένο με το πιο κοινό όνομα·
ας γράψουμε για τη θυσία της επιθυμίας για
χάρη ενός δώρου προς τους γονείς,
συγκεκριμένο πατέρα και μητέρα, ένα γαμπρό
για εκείνους, και όχι έναν άντρα για την κόρη
τους. Κάθε σύζυγος στην κυπριακή κοινωνία
πρέπει να έχει, δυστυχώς, πρώτα από όλα, την
έγκριση της μητέρας· «Να τον δει η μάνα μου»,
μετά θα τον δουν οι φίλες και οι διάφοροι
δευτερογενείς παράγοντες. Παρόλο που
φαινομενικά είναι η γνώμη του πατέρα που
μετρά, αν δεν εγκριθεί σιωπηλά από τη μάνα, η
μάνα δεν αφήνει την κόρη.


Ποτέ της δεν τον ήθελε, εννοώ η Μαρία-
τουλάχιστον όχι με αυτόν τον τρόπο· ίσως αν
ήταν διαφορετικά τα πράγματα, ίσως, να τον
ποθούσε παραπάνω, αν έπαιρναν μιαν άλλη

πορεία τα γεγονότα, αν δεν υπήρχαν οι συγγενείς τόσο κολλημένοι στη σχέση τους, αν δεν έβαζαν το χέρι βαθιά στην τσέπη οι γονείς και των δύο για το σπίτι του ζεύγους, τα έπιπλα, τα αυτοκίνητα, και, αν δεν έβαζαν τα «μέσα» τους να πάρει μια καλή γυναικεία δουλειά η Μαρία, κάπου στο δημόσιο, για να μπορεί να είναι με τα παιδία μετά το μεσημέρι: αν αναλάμβαναν, σαν ζευγάρι τις ευθύνες τους και την τύχη στα χέρια τους- δεν θα ένιωθαν τύψεις, ούτε εκείνο το απαίσιο κενό, πολύ εμφανές τις ώρες που δεν έχει κάποιος κάτι να κάνει, να απασχοληθεί, και στην οποία ώρα, ή, ώρες, το άγχος μεταστρέφεται σε ένα απίστευτο, απάνθρωπο συναίσθημα βαρεμάρας, καθόλου όρεξης για ζωή, σχεδόν θανατηφόρο· που είναι, για να πούμε την αλήθεια, αλλά σε βάθος χρόνου. Άν θα έδινα ένα καλό παράδειγμα για την Ορμή του Θανάτου για την οποία μίλησε ο Φρόυντ, αυτό θα ήταν κατάλληλο: αυτός ο αργός θάνατος, ενός δρόμου γεμάτου ενοχές, τύψεις, και μακριά από την προσωπική επιθυμία του καθενός: αυτός είναι ο δρόμος της υπέρ-απόλαυσης, εις βάρος της επιθυμίας.

Η σχέση της Μαρίας, ο προδικαζόμενος γάμος, από την εφηβεία που γνωριστήκαν, σε ένα σενάριο όπου οι γονείς και των δύο, «καλές οικογένειες», είχαν προσχεδιάσει τα πάντα χωρίς να χρειαστεί καν να μιλήσουν, πήρε μια πορεία στην οποία η ίδια, και ο σύζυγος της, ήταν πιόνια, μαριονέτες στα χέρια των γονιών: από το πώς θα είναι ο γάμος, τους καλεσμένους, η εκκλησία- ευτυχώς η νύφη κατάφερε να διαλέξει το νυφικό. Ο γαμπρός, σιωπηλός, κανονικός Κύπριος, σπουδασμένος, με καλή οικονομική κατάσταση, από τα καλά παιδιά- ακριβώς όπως το γράφω: «καλά παιδιά»- από εκείνους δηλαδή που μπορούν να είναι μόνο παιδιά και καθόλου σύζυγοι, κάτω από τη σκιά του πατέρα τους. Η νύφη το ίδιο, με τη διαφορά ότι το θηρίο που την υποσκίαζε ήταν η μητέρα της, που ήθελε να γίνουν όλα όπως πρέπει, σύμφωνα με το ιδανικό και με κριτή το «Τι θα πει ο κόσμος». Ποτέ, αν και μάνα, η μάνα της Μαρίας, δε σκέφτηκε το καλό της κόρης της από την πλευρά της κόρης, αφού δεν μπορούσε να το διαχειριστεί- υπήρχε μόνο ο κόσμος, στη θέση του Μεγάλου Άλλου να υποτάσσει τις πράξεις και τις επιθυμίες της οικογένειας· ο πατέρας, πιόνι της μητέρας, αν και φαινόταν ο δυναμικός, υποστήριζε σιωπηλά αυτές τις απόψεις. Η Μαρία, έπρεπε να δημιουργήσει την δίκη της κατεύθυνση· ήταν στα όρια της, δεν είχε χρόνο.

-« Χαίρετε ονομάζομαι Μαρία. Θα ήθελα να έρθω για ψυχανάλυση».

Η συνεδρία ήταν στις 4· εκείνη ήρθε στις 4:07.

-« Συγγνώμη, συγχύστηκα· ήρθα αργά, άργησα...», έλεγε κουρασμένη και αποσυντονισμένη.

-« Δε άργησες καθόλου- είσαι ακριβώς στην ώρα σου».

## Σεξουαλικότητα και Σεξ.

Δύο έννοιες που συχνά συγχύζονται, καθώς η μια - το σεξ, είναι η πράξη, ενώ η σεξουαλικότητα, ας πούμε, είναι εκείνο το στοιχείο που υποκίνει την πράξη του σεξ· σε καμιά περίπτωση, σε αντίθεση με τα ζώα, τουλάχιστον τις πιο πολλές φορές και με λίγες εξαιρέσεις στον κανόνα, η σεξουαλική πράξη δε γίνεται με σκοπό την αναπαραγωγή, αλλά με στόχο την απόλαυση. Η απόλαυση είναι ο σκοπός της σεξουαλικής πράξης. Λανθασμένα, σε πάρα πολλές περιπτώσεις, διαβάστηκε ο Φρόυντ και ερμηνεύτηκε με το γνωμικό ότι «Όλα καταλήγουν στο σεξ», ή, ότι «Πίσω από κάθε πράξη υπάρχει ένας ασυνείδητος σεξουαλικός συμβολισμός», και, πως, «Όλα υποκινούνται από το σεξ». Αν μιλάμε σε αυτές τις απλούστατες και μη φροϋδικές ερμηνείες, που δεν είναι παρά παροιμίες χωρίς αντίκρισμα, τότε αυτό που μπορούμε να γράψουμε είναι μια ερώτηση χωρίς ερωτηματικό: αφού το σεξ δεν υποκινείται από την αναπαραγωγή και τη βιολογία της αναπαραγωγής, τότε οι φροϋδικές ανακαλύψεις βασίζονται στο τι υποκινεί την σεξουαλικότητα αφού δεν είναι η βιολογία: δηλαδή, όχι ότι το σεξ υποκινεί, αλλά, τι το υποκινεί.

Ακόμα και το περιβόητο DNA δεν προστάζει ένα άντρα ή μια γυναίκα να εκτελέσει τη σεξουαλική πράξη φορώντας στολή, ή ανταλλάσοντας λόγια, αγάπης ή κάποιας ερωτικής αισχρότητας, ή , ακόμα, να παίζονται ρόλοι. Όλα αυτά είναι παράγωγα της θεμελιώδους φαντασίωσης του καθενός και του τρόπου που απολαμβάνει τη σεξουαλική θέση. Αν δεν υπήρχε αυτή η αναφερθείσα φαντασίωση που καθορίζει τις σεξουαλικές θέσεις, και δε μιλώ για τις συνειδητές μα κρυφές σεξουαλικές φαντασιώσεις του καθενός, και παίρνοντας σαν δεδομένο ότι ο σκοπός της πράξης του σεξ δεν είναι η αναπαραγωγή, τότε το να έρθουν κοντά ερωτικά δύο άνθρωποι δεν θα ήταν δυνατό. Η φαντασίωση για την οποία γράφω είναι ένα πέπλο που υποκινεί, πολλές φορές κάνοντας το άλλο άτομο- ίσως να μπορούσαμε να γράψουμε - το άλλο άτομο ενσωματώνει μια λειτουργία, εκείνη του Άλλου για την οποία έχει πολλά να μοιραστεί η ψυχανάλυση του Λακάν, στη φαντασίωση.


Αυτά προς το παρόν- είναι μεγάλο θέμα, αλλά έχουμε χρόνο και χώρο σε αυτή τη στήλη για να το αναπτύξουμε, μέσα από αλλά άρθρα.

## Θα σε Έχω Βασίλισσα.


Ζητούσε να αγαπηθεί από έναν άντρα που θα ήταν προστάτης, κάποιον που θα της ενέπνεε το αίσθημα της ασφάλειας· κάποιον που να ήταν, χωρίς να το σκεφτεί αυτό, πιο δυνατός από τον πατέρα της· τελικά, αγάπησε, και αγαπήθηκε, όπως το ζητούσε, έτσι τουλάχιστον νόμιζε: «Θα σε έχω σαν βασίλισσα εγώ τη γυναίκα μου τη θέλω να είναι κυρία». Και με αυτήν την σημαίνουσα αλυσίδα, πολύ γνώριμη στο διαλεκτικό του Σκλάβου και του Αφέντη του φιλοσόφου Hegel, παραδόθηκε από τον ένα φεουδάρχη στον άλλον, από τον πατέρα στον σύζυγο, το βασιλιά που θα την είχε βασίλισσα, όπως το ήθελε, δίχως να καλοσκεφτεί τι μπορεί να ετυμολογεί αυτό το «κυρία,» ή το «βασίλισσα». Ακόμη, ναι, υπάρχουν στην Κύπρο αυτές οι αντιλήψεις, καθώς εκφράζουν τον ψευδό-ανδρισμό και, παράλληλα, ζητείται από αρκετές γυναίκες· αυτός ο ψευδό-ανδρισμός· και αυτό παίρνουν· τι είναι εκείνο που ζητούν και τι παίρνουν, είναι μια ερώτηση που αξίζει να σκεφτούμε παραπάνω, και τι πάει

να πει εκείνο το πολυπαθημένο «Θα σε έχω
βασίλισσα», εκείνο, δηλαδή, το πάθημα που δεν
γίνεται μάθημα;


Η σχέση αφέντη και σκλάβου είναι
αλληλοεξαρτώμενη, όπως, ακριβώς, η σχέση
της γυναικάς με εκείνο τον άνδρα που θα την
έχει βασίλισσα- γιατί, στ' αλήθεια, το «θα σε
έχω βασίλισσα» και το «θα κάνω τα πάντα για
σένα» που πάντοτε το συνοδεύει, δεν εξηγεί
τίποτε παραπάνω από το «Για να κάνω εγώ τα
πάντα για σένα, πρέπει εσύ να μην κάνεις
τίποτε». Η βασίλισσα, σε αντίθεση με τη θέση
της στο σκάκι, πρέπει να είναι άχρηστη, να μην
έχει χρήση δηλαδή, εκτός από το να υπηρετεί
εκείνη την ασυνείδητη ευχαρίστηση αυτού που
θέλει να προσφέρει τα πάντα: αυτή είναι η
χρήση του ά-χρηστου υποκειμένου σε αυτήν τη
σχέση. Αξίζει να αναρωτηθούμε, επίσης, με τι
ευχαριστείται εκείνο το άτομο, εκείνη η γυναίκα
σε αυτήν την περίπτωση, που αφήνεται στον
αφέντη- ποια είναι η ευχαρίστηση του δούλου,
αν θέλουμε να συνεχίσουμε τη μεταφορική
επεξήγηση με αφέντες και σκλάβους, αν όχι το
ότι δεν υπόκειται στην ευθύνη της δικής του
ζωής, και, το ότι υπάρχει το διαχρονικό άλλοθι

του «Φταίει κάποιος Άλλος που υποφέρω»;
Μάλλον θα το συζητήσουμε περισσότερο.

## Σε ένα Όνειρο που «δεν Ακούομαι».

Η γυναίκα μπήκε στο γραφείο τρομοκρατημένη· σχεδόν ανυπομονούσε να πάει στη θέση του αναλυόμενου, να αρχίσει να μιλάει. Κάτι έπρεπε να ειπωθεί· άρχισε να εκφράζει το λόγο της, ένα λόγο τρόμου, Πραγματικό, έστω.

-« Πάλι είδα όνειρο με κουφή, μεγάλη, επικίνδυνη, δηλητηριώδης· ξύπνησα με τρόμο και ιδρώτα. Δύο φορές το χρόνο φέρνουμε κάποιον να ψεκάσει. Κανονικά μια φορά το χρόνο χρειάζεται, αλλά επειδή είμαστε σε ύψωμα και γύρω μας είναι χωράφια, χόρτα και δέντρα, και, φυσικά, λόγω του φόβου μου· κάθε έξι μήνες του τηλεφωνούμε έρχεται και ψεκάζει. Πρόσφατα, βρήκαμε πολλές κουφούδες, τις σκοτώσαμε αλλά ανησυχούσα πάρα πολύ, έτσι και αλλιώς, γιατί, για να υπάρχουν μικρές, μάλλον, θα είναι κοντά και η μάνα η κουφή: ήταν φίνες δηλητηριώδεις.» Η

γυναίκα ανάπνεε, σαν να ήθελε να καταπιεί
εκείνο που δεν ειπώθηκε, όχι ακόμα
τουλάχιστον, ήθελε το δικό του χρόνο- το
τραύμα του καθενός είναι ιερό και άξιο
σεβασμού· μετά συνέχισε να μιλάει, πάλιν με
δυσκολία, με νεύρο και, ξαφνικά, σχηματίζεται
ένας χείμαρρος λέξεων, σημαινομένων.


-« Ήθελα να τηλεφωνήσω για ακόμη μια φορά
στον κύριο που έρχεται δύο φορές το χρόνο,
που ψεκάζει τις κουφάδες- να τον ρωτήσω αν
γίνεται να έρθει να ξαναψεκάσει, έστω και αν
ήρθε πριν ένα μήνα· το είπα της μάνας μου που
ήταν μαζί μου, αλλά δε μου έδωσε σημασία- με
εκνευρίζει όταν το κάνει αυτό, πάντα το έκανε,
δε μου δίνει σημασία, δεν ακούει τι της λέω».


-« Η μάμα η κουφή»!

# Ο Λακάν και η Ψυχανάλυση.

Είναι μετρημένοι, πολύ μετρημένοι, οι
ψυχαναλυτές που άγγιξαν το ύψος της διαύγειας
του Φρόυντ, και, ένας από αυτούς που
θεωρούνται «οι μεγάλοι της ψυχανάλυσης», ως
επί του έργου τους, ήταν και ο Λακάν, που
πρόσφερε σημαντικότατες ανακαλύψεις, και
μοναδικές, στο πεδίο της σεξουαλικής
διαφοράς, και έδωσε νέες πτυχές στο περιβόητο
Οιδιπόδειο σύμπλεγμα. Ο Λακάν, ερευνούσε
με πάθος και προσοχή διάφορα θέματα, και
πάντα η δουλειά του στηριζόταν σε πραγματικά
παραδείγματα· μέσω αυτών, της κλινικής του
πρακτικής, ανάπτυξε τη θεωρία του. Στην
εργασία του, γραπτή και προφορική,
αναφέρονται οι «μυστικοί» και πολύπλευροι
τρόποι του ασυνειδήτου στηριζόμενοι στο
απόφθεγμα του «το ασυνείδητο είναι δομημένο
σαν γλώσσα», χωρίς το ίδιο να είναι γλώσσα-
αλλά σαν γλώσσα. Ανάμεσα στα έργα
συνεισφοράς του, πολλά εκ των οποίων
δημιούργησαν αντιδράσεις, αλλά και
αξιοποιήθηκαν από άλλους τομείς εκτός
ψυχανάλυσης και ψυχιατρικής, είναι η Οπτική
Απόλαυση στις κινηματογραφικές σπουδές.

Επίσης, αρκετοί διανοούμενοι και πολιτικοί φιλόσοφοι έχουν σαν βάση της ανάλυσης των θεμάτων τους τις θεωρίες του Λακάν, βέβαια με ένα τρόπο διαφορετικό από εκείνο της κλινικής εμπειρίας.

Ο Λακάν έδωσε νέα πνοή στο Φρόυντ, αναφέροντας ότι η ψυχανάλυση είναι η επιστήμη του πώς ένα υποκείμενο, ένας άνθρωπος, δημιουργείται μέσα από την κοινωνικότητα και την επίδραση του λόγου, ενός λόγου που προϋπάρχει της γέννησης του ατόμου, και στον οποίο το παιδί εισέρχεται με το κορμί του. Είναι εκείνος ο ψυχαναλυτής, που όταν ερωτήθηκε από τον Noam Chomsky για τη βιολογία του ασυνειδήτου, ο Λακάν απάντησε πως, σαν γιατρός, έχει δει αρκετά εγκεφαλογραφήματα και είναι σίγουρος πως σε αυτά θα δει κάποιος τις κινήσεις του εγκεφάλου, αλλά δε θα μπορεί να δει το παραμικρό ίχνος της «ιδέας ή σκέψης».

Η Λακανική Ψυχανάλυση διαφέρει από την κλασσική ψυχανάλυση του Φρόυντ, και βέβαια από το τι θεωρούν ως ψυχανάλυση άλλες ιδεολογικές κατευθύνσεις. Ο Λακάν ανέφερε ότι σε κάποιο στάδιο της ζωής τους, εκείνο που ονόμασε Στάδιο του Καθρέφτη, τα άτομα γίνονται «σε κομμάτια» σε σχέση με το σώμα τους και με τον Άλλο, όχι το άλλο άτομο, μα μια πολύπλοκη λειτουργία που δομεί την υποκειμενικότητα μας. Σε αυτό το στάδιο, βρίσκεται η «στιγμή» που το βρέφος κοιτάζει – και κοιτάζεται – στον καθρέφτη και αναγνωρίζει το Είδωλο του σαν εαυτό. Όμως το είδωλο είναι ξεχωριστό και ξε-χώρο, και διαμέσου αυτής της ά-χρονης στιγμής γίνεται το ιδανικό του υποκειμένου, δημιουργώντας μια σχέση δυναμική με την εικόνα του και τον Άλλο: πλάθεται, δηλαδή, ένα σχίσμα, με το υποκείμενο να προσπαθεί να φτάσει την τελειότητα που φαντασιώθηκε μέσα από τον καθρέφτη.

Μια άλλη διαφορά βρίσκεται στην ετυμολογία του ασυνειδήτου. Ο Φρόυντ ανέφερε ότι το ασυνείδητο είναι η αληθινή ταυτότητα του ανθρώπου που βρίσκεται βαθιά μέσα του, πέραν, δηλαδή, του συνειδητού. Με βάση το Λακάν, το ασυνείδητο δημιουργείται διαφορετικά από την εξέλιξη του ατόμου, σαν αποτέλεσμα της γλώσσας και των διαπροσωπικών του σχέσεων. Η σεξουαλική επιθυμία, εν συνεχεία, δεν είναι η βάση όλων των επιθυμιών. Ο Λακάν επικεντρώθηκε στον «τεμαχισμό» του ψυχισμού σε Εαυτό και Άλλο, έναν Άλλο που υπάρχει έξω από τον εαυτό. Οι ψυχαναλυτές στην Αμερική δουλεύουν με βασική ιδέα, ότι το Εγώ, μια συνειδητή επίγνωση του εαυτού, είναι σημαντική στη διαμόρφωση της προσωπικότητας. Ο Λακάν θεωρεί τον εαυτό διαφορετικό από το υποκείμενο του ασυνειδήτου. Ο εαυτός είναι η ιδεώδης εικόνα που κάποιος βλέπει, όταν σκέφτεται το πώς θα ήθελε να ήταν σε σχέση με τον άλλο κόσμο.

Αυτά για αρχή, σχετικά με το Λακάν.

## Πολλές Ζωές, Καθώς Πρέπει.

Είπαμε, μάλλον, γράψαμε, ότι σε αυτήν τη σειρά άρθρων, Ψυχαναλυτικοί Συνειρμοί, σωστά ή λάθος, υπάρχουν μόνο δύο χαρακτήρες, όσον αφορά τα πρόσωπα για τα οποία αρθρογραφούμε· έτσι, θα πούμε ξανά για το Γιώργο, έναν καθώς πρέπει Κύπριο, πολύ καθώς πρέπει. Σπουδασμένος στον τομέα του, δουλευταράς, μπασμένος στα κυπριακά μαθηματικά του «έτσι θα αναπτύξεις τη δουλειά σου», δηλαδή «να νεκατώνεσε παντού». Κάθε Κυριακή στην εκκλησία, δεμένα τα χέρια, λίγο σκυφτός, λεπτός, ευγενικός, δεν τον υπολογίζεις και δύσκολα θα του έδινες κάποιο χαρακτηρισμό εκτός από το συντηρητικός και το κάλος άνθρωπος, το πολύ γενικό που, συνήθως, αποκαλείται με αυτό τον τρόπο, είτε ο καθώς πρέπει της κοινωνίας μας, ή, ο «αγαθός», με τα υπονοούμενα του. Πάλιν βρισκόμαστε ενώπιον λάθους της φαινομενολογίας αυτών των χαρακτηρισμών· θα γράψουμε γιατί.

Στην πόλη που ζούσε, ο καθώς πρέπει άνδρας,
είχε τη γυναίκα του, τα παιδία του, τη δουλειά
του, την εκκλησία του, τα λεφτά του- πράγματι
δουλευταράς, σε πολλούς τομείς, όπως θα
δούμε· σε κάθε πόλη, λόγω δουλειάς, αφού
έπρεπε να ταξιδεύει από πόλη σε πόλη, είχε και
τη σχέση του: την εξωσυζυγική. Μην
φανταστείτε τη μυθική και ανύπαρκτη «απλά
μια σεξουαλική σχέση» για να συμπληρώνονται
τα κενά, υποτίθεται, του γάμου, μα, σχέσεις σαν
γάμους: γνώριζε τους γονείς τους, επέμενε,
συστηνόταν σαν φίλος, τηλεφωνούσε συνέχεια
σε αυτές τις κοπέλες- γινόταν πανταχού παρών
και τα πάντα πληρών. Τις διάβαζε. Σιγά-σιγά,
αυτές, ρυθμίζονταν σε αυτό το καθώς πρέπει
ρολόι, και γίνονταν καθώς πρέπει φιλενάδες,
δίχως καμιά να γνωρίζει την ύπαρξη της άλλης.
Ονειρεύονταν να είναι στην αγκαλιά του και
τίποτε άλλο δεν μετρούσε- ήταν η ζωή τους·
αφήναν τις παρέες τους, σε βάθος χρόνου, τις
οικογένειες τους, έμεναν σπίτι έγκλειστες, σαν
αρρωστημένες μοναχές, και, περίμεναν, πότε θα
μπορούσε ο καθώς πρέπει κύριος να κάνει το
καθώς πρέπει τηλεφώνημα του, να τους πει ότι
τις αγαπά και να έχουν ένα καθώς πρέπει ύπνο·
δε μπορούσαν να μιλήσουν στους φίλους τους
γι' αυτή τη σχέση αφού ήταν δέσμιες σε ένα
καθώς πρέπει όρκο για τον αγαπημένο τους,

που υπέφερε στον γάμο του από τη γυναίκα του, που μόνο εκείνες του έδιναν ζωή. Έλεγχε κάθε σκέψη τους- γι' αυτό και όταν του έλεγαν, στις αρχές, πριν τις δεσμεύσει και τις διαλύσει εντελώς, ότι θα έβγαιναν με φίλους, αυτός τους τηλεφωνούσε με το «απλά ήθελα να ακούσω τη φωνή σου», και, με εκείνη την ήρεμη φωνή που τους μιλούσε, τη φωνή του διακόνου, την κλαμένη, η σκέψη και η φαντασία τους ήταν μαζί του- με τα μηνύματα στο κινητό να ανταλλάσσονται κατά τη διάρκεια του δείπνου, σε τέτοιο βαθμό που έχασαν την κάθε επαφή με τους φίλους τους· εννοώ αυτές οι κοπέλες.

Με την ακρίβεια ενός κατά συρροή δολοφόνου που εξελίσσεται μέσα από τη βαναυσότητα της απόλαυσης του, και κάνει λάθη όταν αρχίσει και νιώθει θεός, έτσι και αυτός ο καθώς πρέπει κύριος έκανε το δικό του: άρχισε να έχει σχέσεις στις οποίες, υπέφερε όχι μόνο από τη βαρβαρότητα της συζύγου του στο σενάριο που παρουσίαζε, αλλά, και από κάποιες άλλες γυναίκες που τον έτρεχαν και δεν ήξερε τι να κάνει. Και όλα άρχισαν όταν μια, που τον «αγαπούσε» πάρα πολύ, ενέργησε χωρίς την άδειά του και τηλεφώνησε, αυτή η «όχι και τόσο καθώς πρέπει φιλενάδα», σε μιαν άλλη φιλενάδα και της είπε: «Μην ξαναενοχλήσεις το Γιώργο»...

Υπάρχουν πολλές γυναίκες, που η απόλαυση τους είναι τριαδική- γι' αυτό και όταν δεν υπάρχει το τρίτο άτομο στη ζωή τους καταθλίβονται: πάντα πρέπει να υπάρχει ο Άλλος- η άλλη γυναίκα. Όπως ανάφερε ο Φρόυντ, ο καθένας διαλέγει τη νεύρωση του.

# Έναν Άντρα, που να είναι Ορφανός από Μάνα.

-«Την επόμενη φορά, θα ήθελα να βρω έναν άντρα που να μην έχει μάνα- αν είναι δυνατόν να είναι ορφανός· ορφανός από μάνα».

Μια ευχή, σκληρή, που γίνεται όχι σιωπηλά όπως οι πιο πολλές ευχές- είναι ευχόμενη φωναχτά στο γραφείο του ψυχαναλυτή, συνήθως με φωνή και συγχρονισμό λέξεων απόγνωσης ή αστείου: το αστείο, στην καλύτερη δυνατή περίπτωση, βοηθά να γίνονται οι αλήθειες πιο αποδεκτές και να μιληθούν. Η Μαρία ήταν σε σχέση με το Γιώργο, τον άλλο χαρακτήρα, πλαστικότατος και φανταστικός σε αυτά τα άρθρα, και καθόλου ψεύτικος κατά τα άλλα, περίπου πέντε χρόνια: η μάνα του δεν ήξερε το παραμικρό γι' αυτή τη σχέση. Ήταν σχεδόν καλά η σχέση· μα, ας είμαστε ειλικρινείς, μόνο τις ώρες, εκείνες τις ώρες, μια δυο φόρες τη βδομάδα που εκείνη σιωπούσε και τον άκουγε,

από τις δύο ή τρεις φορές που βρισκόντουσαν,
για να νιώσει εκείνος άντρας, «ότι τον ακούει»,
να το δεχθεί από τη θέση του δασκάλου με
εκείνη σε αυτήν της μαθήτριας, να της εξηγήσει
τι και πώς πρέπει να ζει τη ζωή της, αφού τη
δική του δεν την έλεγχε καθόλου, και την
εξαντλούσε στο να κάνει το μαέστρο και τον
καθηγητή.


Η Μαρία ήξερε ότι αυτό του άρεσε· ήταν, και
το γνώριζε εκείνη, πολύ καλά, αυτή η παθητική
συμπεριφορά της που κράτησε τη σχέση σε
αυτά τα πέντε χρόνια, που συντηρούσε αυτό το
πήγαινε-έλα του Γιώργου, που, δεν ήταν
σίγουρος, που, τη μια έλεγε πως δε μπορεί να
αγαπήσει, την άλλη πως ήταν μικρός ακόμη,
στα 35 του, για σοβαρή σχέση, και, την άλλη
ότι ήθελε να περνά πιο πολύ χρόνο με τους
φίλους του: τα παιδιά παίζει. Όταν εκείνη
ανέφερε, το παραμικρό, για συγκατοίκηση ή
γάμο, ή οτιδήποτε είχε να κάνει με το «Να το
μάθει η μάνα του», εκείνος αντιδρούσε, τη
χώριζε: η γνώριμη κυπριακή ιστορία, ενός
άντρα που δεν θα ήθελα καμιά κόρη να έχει ως
σύζυγο. Έτρεμε τη μάνα του, και την έτρεμε
επειδή ακόμη, και στα 35 του, είχε ανάγκη

εκείνο το βλέμμα ευχαρίστησής της, ότι έπραξε με βάση τα δικά της πιστεύω το παιδί της, ο γίοκαρος και καμάρι της· ήταν ακόμη παιδί, δεν είχαν ξεκολλήσει ο ένας από τον άλλο και δεν λογάριαζαν να το κάνουν. Η μάνα, και ο ίδιος, ήθελαν μια νύφη για τα κοινωνικά δρώμενα, μια νύφη που να μπορεί να γεννήσει ένα μωρό, ένα εγγόνι- το μόνο πράγμα που μάνα και γιος, ευτυχώς, δεν μπορούσαν να κάνουν μαζί.

# Η πιο Όμορφη του Σχολείου.

Η Μαρία ήταν η πιο όμορφη του σχολείου-
ήταν εντυπωσιακή και αυτό δεν θα ήταν
υπερβολή, καθόλου, μα, η ομορφιά της
χανόταν σε ένα απέραντο μαύρο, ένα
μυστηριώδες, απάνθρωπο και συνάμα τόσο
ανθρώπινο πέπλο που τη βάραινε: η όμορφη
Μαρία υπέφερε· ήταν επίσης, ας τα πάρουμε
ένα-ένα, έξυπνη, καλοσυνάτη- και επίσης δεν θα
ήταν υπερβολή, ούτε αυτό, να πούμε ότι το
μέλλον ήταν μπροστά της, τότε: όμως, τίποτε
από αυτά δεν θα γράψουμε, αλλά, θα
σημειώσουμε, αντί αυτών, πως το παρελθόν
ήταν επίσης μαζί της, σε ένα μονόδρομο προς
τα πίσω, εκείνη την κατεύθυνση της οδυνηρής
επανάληψης, προς το παρελθόν που, όπως
έγραψε ο Φρόυντ, προσπαθεί να αυτό-
αποθεραπευτεί, με βίαιους τρόπους και
απόλαυση. Ερωτεύτηκε η Μαρία, παντρεύτηκε,
έκανε παιδιά· τα έκανε γρήγορα όλα αυτά,
βιαζόταν: ας πούμε, με άλλο τρόπο, ότι τη
«βίαζε» ο έρωτας, η αγάπη, άπταιστα, σαν μια
γλώσσα συμπτώματος αλάθευτη, και άφησε το

δρόμο που προδιέγραφε η ζωή της, ως το σημείο εκείνο που θυσίασε την επιθυμία της, σε εκείνη τη στάση του χρόνου όπου το σύμπτωμα, σε εκείνη την περιβόητη και φαντασμαγορική επιστροφή του απωθημένου, περισσότερο από ποτέ, την ώθησε σχεδόν μαγικά, να διαλέξει άλλη «τύχη»: ας γράφουμε καλύτερα, άλλα «τείχη».


Για μήνες, ένιωθε νυσταγμένη, κουρασμένη, έχασε την όρεξή της· τα τελευταία χρόνια η ματιά της σκούραινε όσο περνούσε ο χρόνος, με εκείνο το σκοταδερό, το βαθύ καταθλιπτικό μαύρο, που πολύ εύκολα διακρίνουμε στους άλλους όταν λέμε «δεν περνάει καλά αυτό το άτομο, κάτι το βασανίζει». Σκεφτόταν την αυτοκτονία- το πόσο συχνά το ήξερε, κάθε μέρα: πότε άρχισε- αυτό δεν μπορούσε να το θυμηθεί, ακριβώς δεν μπορούσε· της πήρε λίγο καιρό να το συν-τάξει και να πει «Κάπου κοντά εκεί που έφυγα από το σχολείο· κάπου εκεί κοντά όταν.. που … αποφάσισα να μην πάω να σπουδάσω»…

-«Ξέρω, θα με ρωτήσετε τι με φέρνει εδώ, γι'
αυτό σας προλαβαίνω, και σας λέω πως με
φέρνει η νύστα- με φέρνει εδώ το γεγονός ότι
κοιμόμουν· ο άντρας μου, το ανακάλυψα, μου
έβαζε υπνωτικό στο τσάι μου, για να μπορεί να
τριγυρίζει τα βράδια χωρίς να τον παίρνω
είδηση, μια δυο φορές τη βδομάδα. Μα δεν
είναι αυτός ο ύπνος που με φέρνει εδώ. Ξέρετε,
κάποτε ήμουν η πιο όμορφη του σχολείου- και
δε μιλώ για την εξωτερική ομορφιά: την
ομορφιά μου κανένας δεν την είδε επειδή την
κοίμιζα».

# Το Μυστήριο του Ζώου που Ό-μιλάει.

Η Λακανική Ψυχανάλυση ανταποκρίνεται στο ανθρώπινο μυστήριο, ένα αίνιγμα που ίσως διαφαίνεται ελλιπές μέσα από ερωτήματα όπως «Τι μου συμβαίνει», και «Τι γίνεται», ή, ακόμα, «Γιατί αυτό να συμβαίνει σε μένα»; Τη στιγμή που ο άνθρωπος κάνει το πρώτο βήμα και πράττει προς την επικοινωνία με τον ψυχαναλυτή, θα μπορούσαμε να πούμε ότι το μυστήριο του αινίγματος, η απάντηση του οποίου βρίσκεται στην προσωπική εμπειρία του καθενός, αρχίζει να ξεδιαλύνεται, αφού η δυστυχία και ο τρόπος που ένα υποκείμενο υποφέρει δεν είναι θέματα ξεκάθαρα: η αξιοπρέπεια, η αγάπη και η επιβίωση – όλα αυτά τα σημαντικά συστατικά του ερωτήματος τι είναι άνθρωπος – περικλείουν τη δυστυχία μαζί με την ευτυχία, οπότε ο διαχωρισμός του υποκειμένου από τη δυστυχία δε μπορεί να είναι παρά ένα θέμα πολύπλευρο και ευαίσθητο. Η σημερινή κουλτούρα, στη διαρκή κίνηση και αστάθεια που βρίσκεται, παράγει απότομες και τρομαχτικές αλλαγές που επιδρούν στην ταυτότητα και στα σταθερά σημεία αναφοράς κάθε πολιτισμού· καθώς οι παραδοσιακές πυξίδες και συντεταγμένες των ταυτίσεων χαλαρώνουν, με μερικές να εξαφανίζονται εντελώς, το άγχος γίνεται απεριόριστο και το υποκείμενο υποφέρει από αυτήν την ασυδοσία με τη μορφή συμπτωμάτων. Παρόλο που το «υποφέρω» μπορεί να διαφέρει στο αίτιο και το μέγεθος, το άγχος προσφέρει – με το ανάλογο τίμημα – και μια οδυνηρή σταθερότητα στο υποκείμενο που υποφέρει. Οπότε, για την ψυχανάλυση, το σύμπτωμα είναι μια προσπάθεια για λύση που προσπαθεί να δέσει και να σταθεροποιήσει την ταυτότητα και την αγωνία, μεταξύ άλλων.

Επιστημονικές και τεχνολογικές εξελίξεις στην εποχή μας, έχουν μεταμορφώσει την ικανότητα μας να θεραπεύσουμε τις αδυναμίες του βιολογικού σώματος – ο Νους, όχι της βιολογίας αλλά του «βίαιου Λόγου» που διαμορφώνει το υποκείμενο του ασυνειδήτου, έχει μείνει μετέωρος σε αυτήν την εξέλιξη περιμένοντας να φτιαχτεί από τα έξω – έτσι το υποκείμενο θεωρείται «άρρωστο» και «ανισόρροπο» που χρειάζεται να γίνει ισότιμο με ένα κανονικό σχέδιο, δηλαδή ένα πρότυπο συμπεριφοράς ή κουλτούρας. Η «γιατρειά», η «θεραπεία» του Νου δεν είναι μια διαδικασία ή ένα «φάρμακο», ούτε μια τεχνική που μπορεί να δοθεί ή να χορηγηθεί στο υποκείμενο από κάποιον άλλον – δεν εμπίπτει στη φόρμουλα του γιατρού, του μάγου, ή του θεραπευτή, που θα δώσει θεραπεία σε κάτι που, τελικά, δε γνωρίζει. Ο ψυχαναλυτής, αντιθέτως από ένα γιατρό, δεν υπόσχεται θεραπεία, ούτε θαυματουργική μεταμόρφωση του πόνου σε ευτυχία, και παρόλο που η κλινική εμπειρία δείχνει ότι η ψυχανάλυση έχει θεραπευτικά αποτελέσματα, αυτό είναι σίγουρο, τα αποτελέσματα δεν μπορούν να προβλεφθούν, σε σειρά ή κατεύθυνση.


Επίσης, ο ψυχαναλυτής, για να «θεραπεύσει» το υποκείμενο που υποφέρει, πρέπει να ζητήσει από το ίδιο το υποκείμενο να περάσει πέραν της ευχαρίστησης της άγνοιας του, και να ξεκινήσει ένα έργο φιλίας με τη δική του γνώση. Αυτή η γνώση δεν είναι ένα πράγμα απλό – το υποκείμενο δε γνωρίζει ότι γνωρίζει· ίσως την ώρα που θα απευθυνθεί σε ένα ψυχαναλυτή να έχει μιαν ιδέα ότι το σύμπτωμά της/του είναι σημείο για «κάτι» χωρίς να γνωρίζει όμως τι ακριβώς. Για να αποκτήσει ο αναλυόμενος πρόσβαση σε αυτό, όχι σε κάποιου είδους μυστικό αλλά, με ακρίβεια, στο μυστήριο της ανθρώπινης ύπαρξης, του υποκείμενου που μιλάει, η ψυχανάλυση διαδραματίζεται μέσω ομιλίας, κατά βάση, σε μια πορεία θα μπορούσαμε να πούμε, από την ομιλία στη σιωπή: διαφορετική από εκείνη του συμπτώματος - δηλαδή στο σημείο εκείνο που το υποκείμενο, πλέον, δεν έχει την ανάγκη να συνεχίσει να απευθύνει το λόγο του προς τον ψυχαναλυτή. Η Λακανική ψυχανάλυση, έτσι, είναι σημείο αναχώρησης στην πραγματικότητα και όχι σημείο άφιξης ή προσκόλλησης.

# Τί Είναι ένα Σύμ-πτωμα: μια Ερώτηση Χωρίς Ερωτηματικό.

Μια απλή ερώτηση, καλή για αρχή: τι είναι ένα σύμπτωμα; Βέβαια δεν εννοούμε εκείνο το ιατρικό που τελειώνει στο κορμί, και πλάθει τον ψυχισμό σαν κάτι που πρέπει να φτιαχτεί στο εσωτερικό του σώματος, του οργανικού. Ας γράφουμε τότε για κάτι μέσα από την κλινική εμπειρία, στο επίπεδο της θεωρίας, απλής, όσο μπορεί να γίνει, και με κάποια γενικότητα: ας γράφουμε ότι σύμπτωμα είναι εκείνο που απορρίπτεται, η επιθυμία του υποκειμένου που πνίγεται, ή που συντρίβεται στο χειρότερο σενάριο, σε διαφορετικό βαθμό και συχνότητα· και, σίγουρα, με το ανάλογο τίμημα. Πιο συχνά στις γυναίκες, η επιθυμία η δική τους κρύβεται με το να ζουν ή να υποτάσσονται στην επιθυμία του Άλλου, ακριβώς για να μην έρθουν αντιμέτωπες με τη δική τους. Έτσι γίνονται παράσιτα αυτού του Άλλου αφού είναι αναγκαίος για να «κλέφουν» και να απομυζούν τη δική του επιθυμία, με την προϋπόθεση να είναι κάποιος άλλος που δεν πράττει προς την επιθυμία του. Αν είναι κάποιος που ενεργεί με βάση την επιθυμία του, τότε αυτά τα θηλυκά υποκείμενα δεν έχουν τρόπο και δρόμο επιβίωσης ή σταθερότητας: δε μπορούν να υπάρξουν παρά με αυτόν τον τρόπο. Είναι εμφανές σε αυτές τις περιπτώσεις, που ο Φρόυντ και ο Λακάν θα βάφτιζαν υστερικές δομές, ένα πολύ έντονο άγχος, έλλειψη κατεύθυνσης και βάσης- όλα που μπορούν να συσχετιστούν με το απέραντο κενό και την τρομερή έλλειψη που βιώνεται στο πεδίο του Τίποτε. Το άγχος, σε αυτές τις πολύ συνήθεις περιπτώσεις, παράγεται από την απραξία σε σχέση με την επιθυμία: αυτό είναι το πολύκροτο τίμημα που πληρώνεται, με τη μορφή της αγχώδους υπαρξιακής σύγχυσης και σε μεγαλύτερο βαθμό από τις διάφορες μορφές ανορεξίας, μέσα από τις οποίες εκφράζεται εκείνο το παντοδύναμο τίποτε.


Και για τους άνδρες το τίμημα δεν είναι λιγότερο οδυνηρό· ενώ οι γυναίκες υπερ-εκθέτονται, ο ψυχαναγκαστικός, εννοώ ο δομημένα ψυχαναγκαστικός, εγκλείεται στην επανάληψη και στο να καθησυχάσει οποιαδήποτε έκφραση επιθυμίας. Κρύβεται, βρίσκεται σε απόσταση από το επιθυμείν και είναι ειδικός στο να το τιθασεύει- αυτό είναι και ένα από τα κύρια προβλήματα μεταξύ άντρα και γυναίκας, σε ένα φαύλο κύκλο μεταξύ υστερικής απαίτησης και ψυχαναγκαστικής αποσιώπησης. Αυτός, ο ψυχαναγκαστικός, είναι πιστός σε δόγματα, στο ρολόι, στην ακρίβεια και ερωτεύεται τις σωστές πράξεις θεωρώντας τον άλλο αποτυχημένο σε σχέση με το ιδανικό που θέτει. Αγαπάει δηλαδή το θάνατο και μισεί τη ζωή, αφού η ζωή δεν είναι ευθεία γραμμή μα κίνηση· από την αρχή σκάβει το λάκκο του στον οποίο θα ζήσει και πριν από το σωματικό θάνατο. Αγαπά τη θλίψη, τη βαρεμάρα, την πρόωρη εκσπερμάτωση, το να μην έχει στύση, την τάξη και τις εμμονές· με άλλα λόγια, θα λατρέψει σε όλη του τη ζωή, και μέσα από αυτήν, το θάνατο που εμμένει. Η δομή του είναι, λίγο ή πολύ, βασισμένη στη δόμηση του ερωτήματος, «Είμαι νεκρός ή ζωντανός», και, σε τελική ανάλυση, αν θυμηθούμε λίγο το Λακάν, «Προσπαθεί να μετατρέψει τον εαυτό του σε απόρριμμα, σε σκατό»: αυτό είναι και το πρωκτικό αντικείμενο της ταύτισής του που ανάφερε ο Φρόυντ και η λατρεία του θανάτου της επιθυμίας.

Ας σταματήσουμε σε αυτό το «σκατό»· αν και δεν είναι καλή τροφή για το μυαλό, όπως λένε: λένε λάθος.

## Ο Πατέρας είναι μια Έννοια.

Τι μπορεί να είναι «ένας» πατέρας, παρά η
αποτυχία του ιδανικού κάθε υποκειμένου, του
ενός πατέρα; «Ένας πατέρας» είναι ένα ιδεώδες,
σε μια δεδομένη κοινωνία, με τα
χαρακτηριστικά που του δίνονται μέσα από
εξιδανικευμένες απαιτήσεις, κοινωνικές και
προσωπικές και φυσικά ασυνείδητες,
προσωπικές· έτσι, ο κάθε πατέρας, στο μυαλό
του παιδιού, μπορεί να υπάρξει σαν ξεχωριστή
οντότητα, όπως ακριβώς και το κάθε παιδί, σαν
αποτυχία του ιδεώδους ώστε να είναι μια
διαφορετική οντότητα και όχι κλωνο-ποιημένη
κούκλα στη φαντασίωση του γονιού.


Η πορεία που μπορεί να έχει η πατρική
ονοματοποίηση, αρχίζει από τη φαντασίωση
του πατέρα μέσα από την οποία λαμβάνει τη
θέση που του προσφέρει μια ασυνείδητη
ευχαρίστηση, σε σχέση με το παιδί του.
«Επειδή έτσι νομίζω πως πρέπει να είναι ένας

πατέρας, το παιδί μου θα πρέπει να σταθεί σε αυτή τη θέση του τι είναι ένα παιδί ώστε εγώ να μπορώ να είμαι πατέρας με αυτό το ιδεώδες, με τα ιδανικά και ήθη της, με ένα συγκεκριμένο τρόπο». Ο πατέρας είναι μια ερώτηση που καλείται το άτομο, ο κάθε άντρας, να την ετυμολογήσει με το δικό του τρόπο- ή, απλά, να εξακολουθήσει τις γραμμές της κουλτούρας και του παρελθόντος, συνειδητές και ασυνείδητες, στο να τη διαμορφώσει και να διαμορφωθεί, σε σχέση με το παιδί του· και ξεχωριστά με το κάθε παιδί του.

Αυτός, ο συγκεκριμένος πατέρας, κάλεσε το γιο του. Ρώτησε: «Διάβασες»;

-«Διάβασα», είπε ο γιος, μα έτρεμε από φόβο καθώς ο πατέρας άρχισε τις ερωτήσεις κρατώντας το βιβλίο. Το παιδί δεν ήξερε να απαντήσει, δεν καταλάβαινε· ο πατέρας δε φώναζε, απλά κουνούσε το κεφάλι και κοίταζε επίμονα το γιο, με εκείνο το βλέμμα και την κίνηση που λέει «Πάλιν με απογοήτευσες». Έδωσε, στο γιο, ξανά το βιβλίο, λέγοντας, πήγαινε να ξαναδιαβάσεις, και αυτός σιωπηλός, με σκυφτό κεφάλι, πήγε στο δωμάτιο του.

Το βιβλίο ήταν στο αντικείμενο της μηχανολογίας, γραμμένο στην καθαρεύουσα: και ο γιος ήταν εννέα χρονών.

## Η Κόρη μου είναι Αδύνατος Χαρακτήρας.

-« Είμαι εδώ για την κόρη μου· είναι αδύνατος χαρακτήρας, και δεν μπορεί χωρίς εμένα, και κουράστηκα να τη στηρίζω τόσο καιρό. Είναι τώρα 20 χρονών, σπουδάζει, και, πρόσφατα, πριν δύο μέρες μου τηλεφώνησε· αντιμετωπίζει κάποια προβλήματα και της έκλεισα εισιτήρια, έρχεται αύριο, ήταν το συντομότερο που μπορούσα να τη φέρω πίσω. Θέλω να τη βοηθήσω».

Μεγάλη ιστορία· πάει πίσω στη γιαγιά- δεν θα την πούμε σήμερα, μόνο ένα κομμάτι, αρκετό για να χωνευτεί.

Ναι, η κόρη ήταν αδύνατη- όπως το γράψαμε στον τίτλο του άρθρου, «αδύνατη» και όχι «αδύναμη»- είχε ανορεξία, βουλιμία, το σώμα της παλλόταν και αποπροσανατολιζόταν· ήθελε να ξεφύγει, δεν ήξερε από πού, και πού να πάει. Δύο χρόνια που έφυγε από το σπίτι, πρώτη φορά, για σπουδές: αυτή η απουσία της κόρης ήταν αρκετή για να υποφέρει η μητέρα με σοβαρές κρίσεις πανικού, αυτά τα δύο χρόνια. Ναι, η κόρη ήταν «αδύνατη», σαν κόκαλο που στήριζε μια δομή, ένα Άλλο σώμα· η μάνα ήταν η αδύναμη, και μπορούσε να έχει σταθερότητα μόνο σε μια σχέση όπου το ρόλο του αδύνατου/αδύναμου τον κουβαλούσε κάποιος Άλλος.

-« Μάμα δεν είμαι καλά... συμβαίνει αυτό και αυτό στο πανεπιστήμιο· τι να κάμω»;

-« Σου κλείνω εισιτήρια για να έρθεις πίσω».

Δεν αναλύθηκε ποτέ, το πρόβλημα· γιατί το πρόβλημα στο μυαλό της μάνας ήταν το ότι έλειπε η κόρη: έπρεπε να έρθει πίσω.

# Ένας Πατέρας που θα τα Πάρει Μαζί του.

Στο μεγάλο γραφείο κάθεται ο Πατέρας, που, αν και η επωνυμία πατέρας είναι στη μέση της πρότασης και συνήθως γράφεται με μικρά γράμματα, γράφτηκε με κεφαλαίο Π γιατί πρόκειται περί πατέρα που πλησιάζει την ιδέα του αρχέγονου πατήρ, του Υπερ-Πατέρα του Φρόυντ, εκείνον τον περιβόητο Urvater.

Είναι 80 χρονών. Γύρω από το μεγάλο του γραφείο, αντί για τοίχους, μπορείς να δεις τζαμαρίες, που, στο κάτω-κάτω λειτουργούν σαν διαχωριστικά, επιτρέποντας σε αυτόν τον «τεράστιο» γονιό να βλέπει και να ελέγχει την «πρόοδο» των παιδιών του, στα μικρά γραφειάκια τους, σαν σε δημοτικό, πίσω από τις τζαμαρίες· δύο αγόρια έχει- δε θα τα λέγαμε αγόρια αφού είναι στις ηλικίες των 54 και 49 χρονών αντίστοιχα, μα αυτήν την εντύπωση σου δίνουν: δύο τρομαγμένων μικρών αγοριών. Εκείνος, ο αειθαλής πατέρας, μιλά με ένα φίλο του, κοντά στην ηλικία του, που σκέφτεται να αποχωρήσει από τη δική του οικογενειακή επιχείρηση. Του λέει «Μη βιάζεσαι, έχεις ακόμα πολλά να προσφέρεις». Το λέει αυτό, μια, δύο φορές, ο άλλος συμφωνεί μαζί του: δεν διαφέρουν, είναι σωσίες. Έχει και αυτός δύο παιδιά, δίπλα του, σχεδόν με φάτσες παλαβές, πάντα κάτω από τον κύρη, φάτσες τις οποίες παλάβωσε για να λέει «Αν φύγω εγώ θα καταστραφούν όλα». Το ένα από αυτά απάντησε το κινητό του και σιγολέει με μισά αγγλικά, μισά ελληνικά, προς τον πατέρα που ρώτησε ποιος ήταν «Dad, ήταν ο Γιώργος, και σκεφτόμαστε να πάμε Αγία Νάπα». Με φτύματα να πετάγονται από το στόμα του, ο σωσίας, και αυτός Urvater, βροντά και καθηλώνει το σαρανταχρονο παιδί του με ένα «Κάτσε δαμέ, δεν θα πάεις πουθενά». Ο άλλος, ο ογδοντάρης, χαμογελά· συμφωνεί, γαλβανίζεται με ευχαρίστηση. Σκέφτεται μάλλον ότι ακόμα έχουν πολλά να μάθουν και τα δικά του παιδιά. Εκείνα βασανίζονται· κάποτε, δύο χρόνια πριν, ήταν πως θα έβαζε στο όνομα τους κάποια περιουσία, ένα μικρό κομμάτι σε σχέση με τα εκατομμύρια που είχε· και αρνήθηκε λέγοντας «Είναι γρήγορα ακόμα», προσθέτοντας, «Τι σας λείπει, αφού έχετε τα πάντα, προσφέρω ό,τι χρειάζεστε».

Αυτό έλειπε: η έλλειψη αυτής της έλλειψης- του να μπορούν, δηλαδή, να κάνουν κάτι από μόνοι τους. Τους έδινε τα πάντα εκτός από αυτό· ήταν απαγορευμένο για την ευχαρίστηση του.

Μια μέρα τον έπεισαν να τους δώσει «κάτι» και είπε πως θα το έκανε όταν επέστρεφε από το ταξίδι του· το πρωί, που θα πήγαιναν στο δικηγόρο, τη μεγάλη αυτή μέρα, πριν αυτός κατέβει κάτω, η μάνα έτρεξε προς τα παιδιά που περίμεναν, και τους είπε να ακυρωθεί η συνάντηση.

-«Γιατί μητέρα, τι έγινε».

-«Ψες ο πατέρας σας έκλαιγε στον ύπνο του και παραμιλούσε... συνέχεια... νόμιζα θα πεθάνει».

-«Τι έγινε, αρρώστησε; Τι έλεγε»;

-«Φώναζε, έκλαιε: Τα λεφτά μου, θα μου πιάσουν τα λεφτά μου»

74

## Δύο Ξυπνητήρια.

Κάθε πρωί μπορούσες να ακούσεις δύο ξυπνητήρια, να κτυπούν την ίδια ώρα. Στο σπίτι γινόταν πανικός, σαν να δινόταν η ορκισμένη εκκίνηση για μεγάλο άθλο: τη ζωή. Τα κουβαλούσε μαζί του και στις διακοπές- δεν διέκοπτε, ήταν συνεχόμενος αυτός ο ρυθμός. Θυμήθηκε ότι από μικρός είχε δύο πιπίλες, και μίλησε για την ανασφάλειά του- κρυβόταν για να γευτεί την πικρόχολη απόλαυση τους. Διερωτήθηκε, γιατί να είναι τόσο ανασφαλής, ψυχαναγκαστικός, να μη μπορεί να ηρεμήσει...


Αυτό δεν έχει καμία σχέση: ας τραγουδήσουμε το παραμυθένιο «Μια φορά και έναν καιρό», πριν από τριανταπέντε χρόνια, ίσως και παραπάνω, τρεις δάσκαλοι σε ένα δημοτικό σχολείο, λίγο μετά την έναρξη της πρώτης διδακτικής περιόδου, προσπαθούσαν να βγάλουν μια κυρία από το σχολείο, που φώναζε, δεν ήθελε να απομακρυνθεί· αυτό γινόταν κάθε μέρα, για ολόκληρη τη χρόνια· ήθελε, αυτή η κυρία, να στέκεται έξω από την τάξη του γιου της και να το βλέπει: ήταν η μάνα του.

# Από πού να Αρχίσω.

Σχεδόν το κάθε υποκείμενο, ο κάθε αναλυόμενος, αρχίζει να μιλά με μια ερώτηση, που είναι σχεδόν ερώτηση: μάλλον είναι η απορία της τοπολογίας του, του άλλου ερωτήματος που απαντά η ολοκλήρωση της ψυχανάλυσης: Ποιος είναι ο τόπος από τον οποίο αρθρώνω τα φωνήματα που συνιστούν την ομιλία μου- και ποιος ο σκοπός της; Είναι δύο τα ερωτήματα τελικά. Αν και αρχική σαν θέση, απαντάται όταν τελειώσει η ψυχανάλυση- και πότε τελειώνει, αν όχι όταν κάποιος ξέρει το από πού να αρχίσει;

Αυτό είναι και το σημείο που μπορεί να ειπωθεί το «Είμαι εντάξει με τη ζωή μου», και εκφέρεται από την πλευρά του αναλυόμενου. Αν ο αναλυτής έχει στο νου του ένα ιδανικό για το πού θα πρέπει να φτάσει ο αναλυόμενος, τότε αυτό που διαδραματίζεται δεν είναι ψυχανάλυση, τουλάχιστον δε μπορεί να ονομαστεί ψυχανάλυση, γιατί δεν πράττεται μέσα στο πνεύμα ελευθερίας και προσωπικής ευθύνης ως προς το σύμπτωμα του υποκειμένου που υποστηρίζει η ηθική της ψυχανάλυσης.

Γι' αυτό και απαντήσεις του τύπου «Έχεις πρόβλημα στο οιδιπόδειο», ή, «Αν δε φτιάξεις τη σχέση σου με τον πατέρα σου, θα δυσκολευτείς να έχεις σχέση με άλλο άντρα», είναι προϊόντα φροϋδισμού και όχι ψυχανάλυσης.

## Ένας Άντρας για Χέσιμο.

Αυτό το υποκείμενο, που ήταν άντρας, σύζυγος, πατέρας, φιλόλογος κλπ, δεν άντεχε πλέον να το μειώνουν. Ήθελε, έτσι είπε, να βελτιώσει την αυτοπεποίθησή του ώστε να τον ακούν, να μην είναι αόρατος, αν, και το αόρατος φαινομενικά είναι συνδεδεμένο με το οπτικό και όχι με το ακουστικό, εκείνο το «να με ακούν»: μα το βλέμμα πιάνεται στον ήχο της φωνής. Ας θυμηθούμε το μύθο του Ορφέα, ακόμα, αν θέλετε, και αυτόν του δίκαιου Λωτ, που γύρισαν, και οι δύο, πίσω τους, χάνοντας τις γυναίκες τους- είναι αυτή η σιωπή, η έλλειψη της φωνής που ανάγκασε το βλέμμα τους να στραφεί προς τα πίσω· και εκεί βρίσκεται τίποτε, χάνεται το αντικείμενο.

Αυτός ο άντρας δε μπορούσε να δώσει μια μεταφορά, μια επεξήγηση για το τι συνέβαινε στη ζωή του, ώσπου μια μέρα, σαν μιλούσε, αναφέρθηκε στο πόσο δεν του αρέσει, όχι στο

τι απεχθανόταν, όταν, κάθε πρωί που βρίσκεται
στο αποχωρητήριο, μπροστά από τον νιπτήρα
για να ξυριστεί, τα παιδία και η γυναίκα του,
ένας-ένας, με πολύ άνεση και αεράτα, μπαίνουν
στο χώρο και απλά χέζουν. Είναι ελεύθεροι
«χέστες», έτσι τους αποκαλεί, ενώ αυτός
σφιγμένος, από εκείνους που κοιτάζουν κάθε
τόσο προς την κλειδαρότρυπα για να δουν, να
σιγουρευτούν, αν υπάρχει κάποιος και κοιτάζει
ή όχι, αν, δηλαδή, το φως που περνάει από την
οπή της κλειδαριάς, επισκιάζεται από ένα μάτι,
ένα βλέμμα.


Μιλά για το πόσο νευριάζει, ότι τους μίλησε γι᾽
αυτό το θέμα, αναφέροντας πως δεν το θεωρεί
σωστό να γίνεται: σαν απάντηση παίρνει ένα
διαφορετικό είδους χέσιμο· τον έχουν χεσμένο.
Πλάθει, στο χρόνο του, τη μεταφορική πυξίδα,
τη μεταφορά της ζωής του και τα συλλαβίζει:
ότι ολόκληρη η ύπαρξη του κτίστηκε γύρω από
το αρχαιότατο Ελληνικό ρήμα «Χέζω»,
καθόλου αλλαγμένο ως τις μέρες μας. Τελικά,
συλλαβή προς συλλαβή, αναπαράγεται η
ερώτηση: «Γιατί δεν κλείδωσα ποτέ την πόρτα»;

## Μια Απόλαυση που μπορεί να είναι μόνο Ιδιωτική.

Ο έφηβος βρισκόταν στο δωμάτιο του-
φαινομενικά, διάβαζε· αυτή θα ήταν οπτικά η
εικόνα σε ένα κανονικό μάτι, ένα μάτι, ένα
βλέμμα, που δε θα ήθελε να εξερευνήσει
παραπάνω τον ιδιωτικό χώρο του καθενός: σε
ένα μάτι που δε θα ήταν κατασκοπευτικό, ούτε
αυτό της ηδονοβλεψίας. Έτσι θα τον εκλάμβανε
ένα απλό βλέμμα την ώρα που καθόταν στο
γραφείο του, μπροστά από τον υπολογιστή,
υποτίθεται, όπως είπαμε, να διαβάζει. Η πόρτα
άνοιξε πολύ, μα πολύ απότομα σαν να την
κτύπησε καταπέλτης- έτσι ήταν η περιγραφή
του· αυτός ξαφνιάστηκε, αφού νόμιζε πως την
είχε κλείσει: μπήκε μέσα η μητέρα του.


-«Τι κάνεις», το ρώτησε, μα ήξερε, πολύ καλά,
τι έκανε ο έφηβος, με τα χεριά κάτω από το
γραφείο. Χαμογέλασε εκείνη, πονηρά, και
ξαναρώτησε γιατί αυτός δεν απάντησε· ήταν

φοβισμένος. Εκείνη συνέχισε να τον ρωτά, να προσπαθεί να συγκρατήσει το πονηρό χαμόγελο της, περπατώντας κοντά του και κάνοντας γύρους από το σώμα του, συνεχίζοντας να ρωτά, να λαλεί «Δείξε μου τί κάνεις»- ήταν ένα παιγνίδι στο μυαλό της, ένα παιγνίδι που δεν μπορούσε ο έφηβος «να παίξει από μόνος του», και, έπρεπε, να συμμετέχει και αυτή: έπρεπε να ξέρει, να βλέπει, να μην είναι ποτέ αυτός στον «ιδιωτικό» του χρόνο και τόπο· ένα παιγνίδι ξεδιάντροπο, δίχως ντροπή- όχι για τον έφηβο μα για εκείνη: για ποιο λόγο συνέχισε να ρωτάει, αν και το παιδί της, ο «ιδιώτης» έφηβος, ήταν σε εκείνη τη δύσκολη θέση; Δεν ήταν ένα απλό μάτι που τον κοίταζε, που, θα καταλάβαινε ότι θα καταλάβαινε, και, μετά να φύγει, να μην ενοχλήσει αυτήν την ιδιωτική στιγμή που αποκαλύφτηκε επειδή η πόρτα δεν έκλεισε.

Ο Λακάν αποκάλεσε τον αυνανισμό ως την απόλαυση του ηλίθιου· δεν θα έλεγα του βλάκα, μα του ιδιώτη –idiot. Είναι ένας τρόπος, καλώς ή κακώς, να υπάρξει αναπνοή απόστασης από το Μεγάλο Άλλο, που επιληπτικά απαιτεί τον έλεγχο του σώματος. Μα, πρέπει να ρωτηθεί και αυτό: γιατί δεν έκλεισε η πόρτα και προσφέρθηκε αυτή η απόλαυση σε αυτόν τον ενσωματωμένο Άλλο, αυτήν τη γυναίκα που, σίγουρα, δεν ήταν μητέρα σε αυτήν την περίπτωση;

# Ένας Μεγάλος Εραστής.

Ο άντρας μιλάει στον ψυχαναλυτή- μιλάει
ακατάπαυστα για τις κατακτήσεις του, για τις
γυναίκες που είχε στη ζωή του· τις θυμάται μία
μία, με τα ονόματα τους, τις ημερομηνίες, τον
τρόπο που έκαναν έρωτα- άλλου είδους
λογισμικά· τα έχει όλα καταγραμμένα: θα έλεγα
κατά-ραμμένα, με δύο μ. Είναι περήφανος για
τον εαυτό του, για τον ανδρισμό του, που μιλάει
με τους φίλους του, και, στον ανταγωνισμό που
μπαίνουν, για το ποιος είχε τις παραπάνω
«συλλογές», είναι πάντα ο νικητής· ένιωθε, όπως
έλεγε, πως μόνο ακόμα ένα άτομο στην παρέα
είναι κοντά στο να τον κοντράρει σε αριθμούς.

Μιλούν για γυναίκες, τις εκθέτουν, και καμιά
φορά η πρώην ερωμένη του ενός γίνεται η
ερωμένη του άλλου, σε διαφορετικούς χρόνους:
μόνο μεταξύ τους δεν κάνουν έρωτα αυτοί οι
άντρες· συνεχίζουν και μιλάνε για γυναίκες,
εκθέτονται και αυτοί· μιλά και αυτός, αφού

ολόκληρος ο ανδρισμός του είναι συσχετισμένος με το πέος του, και εκείνο το δήθεν ερωτικό, το σχεδόν ηλίθιο, αν αφαιρεθεί από την ερωτική κίνηση η απόλαυση, «μπρος και πίσω» του οργανισμού· ολόκληρος ο ανδρισμός τους είναι συσχετισμένος με τα λεφτά, δηλαδή την αξία που δεν έχουν: που δεν μπορούν να συντηρήσουν τον εαυτό τους- τελικά είναι υπόδουλοι στις γυναίκες αυτές: η γυναίκα υπάρχει στη θέση του Υπερεγώ.

Αυτός λέει μετά από λίγο καιρό «Τις φοβόμαστε κατά βάθος, και χρειαζόμαστε, σαν παρέα, αυτήν την επίδειξη δύναμης». Οι μισοί από τους φίλους του, προσθέτει, μένουν ακόμα με τις μανάδες τους, ανεξαρτήτως αν έχουν δικό τους σπίτι. Οι μισοί δε δουλεύουν, αλλά πάνε για καφέ κάθε μέρα, δύο φορές τη μέρα, και σε μπαράκια ή club δύο με τρεις φορές την εβδομάδα· οι μισοί δε δουλεύουν γιατί πιστεύουν πως μόνο οι βλάκες δουλεύουν «τη σήμερον ημέρα». Βρίσκουν γυναίκες που θα τους ταΐσουν και τους πουλούν αγάπες- και αυτό, κατά τα άλλα, είναι κάποιου είδους δουλειά. Θέλει τέχνη να είσαι εραστής, και ειδικά αυτού του είδους.

Και, σκεφτόμενος το Λακάν, ας αναφέρουμε μια από τις γνωστές του ρήσεις σχετικά με τον εραστή και την ερωμένη: Τι σημασία έχει πόσους εραστές είχες, αν κανένας από αυτούς δεν καταφέρνει να σου δώσει το σύμπαν».

# Ερωτευμένος με τον Έρωτα.

-«Συνέχεια κάνω σχέσεις και μετά από λίγο καιρό τις χαλώ- δεν μπορώ να ζήσω δίχως αυτό το συναίσθημα του έρωτα- είναι σαν να πεθαίνω όταν δεν το έχω». Δεν ήταν εύκολο ούτε και γρήγορο για να αρθρωθεί, να πλαστεί αυτή η μεταφορική πυξίδα του Γιώργου για τον τρόπο που ενεργούσε η απόλαυση του- αυτά τα είπε μετά από κάποιο χρονικό διάστημα.

Με τα λόγια του Σίγκμουντ Φρόυντ, η τοπολογία της αγάπης και του έρωτα, εκείνο, δηλαδή, που λειτουργεί σαν αιτία προκαλώντας ευχαρίστηση και επιθυμία, είναι το περιβόητο Liebesbedingung. Μικρό, πολύ μικρό, εκείνο το απροσδιόριστο «κάτι» που προκαλεί το, πολλές φορές, οπτασιακό και εκστατικό κύμα συναισθημάτων με τα παράγωγα του, και που έχει τη δύναμη να δώσει φτερά- σίγουρα είναι πάνω από τη λογική. Εκείνο το αίτιο επιθυμίας, εκτός συνείδησης, είναι η υποκινούσα δύναμη των ερωτικών και μη επιλογών, και που η λογική ή η βιολογία δεν έχουν απαντήσεις σε αυτό, εννοώ το ερώτημα του τι υποκίνει την επιθυμία, γιατί είναι πολύ ξεχωριστό για το κάθε υποκείμενο, τόσο ξεχωριστό όσο και μια άλλη ζωή. Είναι δημιούργημα, αν μπορούμε να το περιγράψουμε με αυτόν τον απλοποιημένο τρόπο, της προσωπικής έκθεσης του κάθε ατόμου στο λόγο που το δόμησε: είναι, με άλλα λόγια, κομμάτι του προσωπικού μύθου του κάθε υποκειμένου. Αν χρειάζεται ένα, ή, έστω δύο παραδείγματα, ας γράψουμε πως σε έναν άντρα, να τον πούμε και αυτό Γιώργο, την επιθυμία του την πυροδοτούσαν τα μακριά δάκτυλα· σε κάποιον άλλον, το σημαίνον «άσχημη».


-«Είναι το ναρκωτικό μου· όπως είπα, είναι σαν να χάνεται η ζωή μου όταν δεν είμαι ερωτευμένος. Τώρα που το σκέφτομαι ίσως να μην αγάπησα ποτέ καμιά- μα ας μην μιλήσουμε για αγάπη. Για έρωτα είναι που μιλάω: δεν ερωτεύτηκα τίποτε άλλο στη ζωή μου παρά μόνο τον έρωτα τον ίδιο: από αυτό είναι που υποφέρω σε τελική ανάλυση, από το ότι δεν μπορώ να είμαι ερωτευμένος με τον έρωτα, όχι πλέον· αυτό με έφερε εδώ, στην ψυχανάλυση, και όχι η κατάθλιψη, όπως νόμισα αρχικά: μαθαίνω να αγαπώ».

## Κλαίει: Από Έρωτα.


Αυτή έκλαιε μετά από κάθε φορά που έκαναν έρωτα· περιέγραφε αυτό το συναίσθημα που την απόπαιρνε σαν κάτι μαγικό, πολύ ρομαντικό γεμάτο συγκίνηση- περιέγραφε ένα παραμυθένιο σενάριο. Μιλούσε για την αγάπη της προς αυτόν τον άντρα και καλαμάριζε όταν ο λόγος ήταν περί αυτού: νόμιζες μιλούσε για ένα γίγαντα, ή, μάλλον αυτή είναι η σωστή μεταφορά αφού είναι η δική της, για τον πρίγκιπα και ιππότη των παραμυθιών. Ας σκεφτούμε: αν και ζούσε τον έρωτα, αποζήτησε την ψυχανάλυση- κάτι ήταν βασανιστικό σε αυτό το παραμύθι. Δεν μπορούσε να αναλάβει την ευθύνη αυτή, του χώρισε και κάμε ότι θέλεις: δεν είναι έτσι απλά τα πράματα- ήταν ο πατέρας της χαρούμενος με το μέλλοντα γαμπρό του, η μάνα της το ίδιο, ίσως και παραπάνω από τον πατέρα- το τίμημα ήταν πολύ μεγάλο για να το πληρώσει, όχι όμως όσο και το τσαλαπάτημα της επιθυμίας της. Οι «πανικοί» της φώναζαν, το άγχος της γινόταν μια ανυπόφορη καθημερινότητα, «Δίχως λόγο»

έλεγε στην αρχή· δεν τους άκουσε, τελικά,
εκείνους τους γονείς στο κεφάλι της.


Τελικά κατάφερε να ξεγυμνώσει τον πρίγκιπα
και είδε το βάτραχο — ας συνεχίσουμε το
παραμύθι και τις μεταφορικές έννοιες του- και
είδε καθαρά το δώρο που επρόκειτο να κάνει
προς τους γονείς και τον εαυτό της: βίαιος,
γυναικάς, παρανοϊκός, ζηλιάρης, με αυτές τις
νέες αληθείς, τώρα, ανακαλύψεις των
περιγραφών της, που αντιστοιχούσαν στο
δυνατός, ευγενικός με τις κοπέλες, έξυπνος,
προστάτης: με αυτές τις, πλέον, νέες εικόνες
οργάνωνε την επιθυμία και την αλήθεια της.
Κατάλαβε γιατί έκλαιε: κατά βάθος ήξερε που
θα έμπαινε- σε τι είδους «γάμο»: μια λέξη που
μπορεί να είναι ρήμα. Χώρισε περίπου πέντε
μήνες πριν την τελετή. Το κλάμα σταμάτησε·
δεν ήταν αναγκαίος εκείνος ο έρωτας με την
ιδέα του ιππότη και του πρίγκιπα, για να κρύψει
τις βρωμερές αλήθειες της ζωής της, και τη μη
ανάληψη της ευθύνης για την ύπαρξη της: δεν
ήταν, πλέον, η πριγκίπισσα που γονατιστή
κλαίει, ή, η νεράιδα που δακρύζει, μα ο
βρωμερός βάτραχος. Έτσι το κλάμα έγινε
γέλιο: με το να δει πέραν του παραμυθιού.

## Αντανάκλαση

Ο πόνος ξεκινάει με το που ανοίγει τα μάτια της· αρχίζει με την πρώτη αναπνοή, όταν είναι ακόμα στο κρεβάτι, με εκείνο το πρωινό ξύπνημα, λες και είναι βρέφος που εισπνέει το καυτερό οξυγόνο της ζωής για πρώτη φορά και δίνει εκκίνηση στο κωμικό δράμα της ζωής: ζωή, ίσως, να είναι η ιστοριογραφία της αναπνοής που γίνεται λόγος. Αρχίζει από τα πόδια, ο πόνος, και τον νιώθει να κατακτά ολόκληρο το σώμα, να το παραλύει με τη μορφή, μια άμορφη μορφή, δαιμονικού άγχους: αρχίζει και παίρνει ένα ένα τα ηρεμιστικά· ο πόνος δε σταματάει πραγματικά, τον νιώθει να εγκλωβίζεται στο σώμα της, αλλά γίνεται πιο υποφερτός πάνω στο πεδίο του κορμιού της, ελαττώνοντας την ένταση του άγχους στο επίπεδο του οργανισμού- αυτά τα περιγράφει με λεπτομέρεια, προσθέτοντας «Βιώνω ένα συνεχόμενο θάνατο» χαράσσοντας με τις λέξεις και αναφορές της τον πόνο της και το κορμί της που το νιώθει διαμελισμένο.

Αλλάζει την κόμμωση της, το χρώμα των μαλλιών, το βάρος της- αλλάζει συντρόφους: ο ένας μετά τον άλλο γίνονται Ένας και περιγράφει μόνο μια σχέση τελικά: όλοι ήταν οι ίδιοι, είχαν την ίδια χρήση στη ζωή της. Στο σπίτι δεν υπάρχουν καθρέφτες αφού δεν μπορεί να αντικρίζει το κορμί της· λέει «Δεν νιώθω ότι είναι δικό μου το σώμα μου από τη μέση και κάτω». Δεν είναι δικό της, έχει δίκαιο- αυτό την ενοχλεί: στη διαδικασία της ψυχαναλυτικής πράξης φτιάχνει αυτό το σώμα, το ράβει στα μέτρα της και ομιλείται ο πόνος, όσο γίνεται. Αναπνέει. Οι σύντροφοι, μουρμουρίζει μια μέρα, είναι οι καθρέφτες της.

Εκείνο που μισούμε, και που μας κάνει να σκεφτόμαστε, πως «Δεν είναι έτσι που φαίνομαι» είναι όταν η αντανάκλαση μας δείχνει ακριβώς όπως είμαστε· δηλαδή, όχι εκείνο το λιβάδι το όμορφο από μακριά, αλλά το από κοντά, που είναι μαύρο, λασπωμένο, γεμάτο ζωύφια, φίδια. Αυτή η κοπέλα χρειαζόταν αυτήν την απόσταση από εκείνο που ο Λακάν ονόμασε το Πραγματικό.

## Εκείνη η Μέρα με το Σπαθί.

Ξύπνησε ο Γιώργος· αργά, περπατώντας εκείνη
την απροσδιόριστη πρωινή και νυσταγμένη
απόσταση από το κρεβάτι στο αποχωρητήριο,
με ασταθή βήματα, και ξεκίνησε την πρωινή
ιεροτελεστία· ντύθηκε, χτενίστηκε, ήπιε τον
καφέ του, μπήκε στο αυτοκίνητο· αυτά τα
συνηθισμένα και καθημερινά. Η κίνηση στους
δρόμους ήταν υπερβολική· κουνιόταν, σαν
εκείνον αργά, και του προκάλεσε ελαφριά, στην
αρχή, ανησυχία για το αν θα προλάβαινε να
ήταν την ώρα του: πρόσφατα δέχτηκε, χωρίς να
έχει και άλλη επιλογή, παρατηρήσεις από το
διευθυντή της εταιρείας ότι πήγαινε στη δουλειά
με ρυθμούς σαλιγκαριού. Η αλήθεια να λέγεται,
δεν είχε αργήσει ποτέ, παρά μια φορά που ένα
μεγάλο αυτοκινητικό δυστύχημα κράτησε την
κυκλοφορία σταθερή, στον τόπο της, έτσι, αντί
να βρίσκεται στην εργασία στις 8 η ώρα πήγε
στις 8:20, φυσικά ενημερώνοντας από πριν. Θα
λέγαμε ότι ήταν τυπικός, συνεσταλμένος. Καλός
εργάτης.

Τη μέρα που περιγράφουμε, μια σαν όλες τις άλλες, σχεδόν, ήταν στα φώτα τροχαίας, το δεύτερο αυτοκίνητο στη σειρά· τίποτα το παράξενο· το κόκκινο έφυγε, ήρθε για λίγο το πορτοκαλί και μετά το πράσινο σηματοδοτώντας την εκκίνηση, μα, το αυτοκίνητο μπροστά του δεν κουνιόταν· αυτός νόμιζε πως είχε σβήσει η μηχανή του, γρήγορα όμως κατάλαβε ότι ο λόγος της «μη κίνησης» δεν ήταν η δυσλειτουργία της μηχανής, και, αφού πέρασαν αρκετά δευτερόλεπτα δίχως να ξεκινάει ο μπροστινός, και βλέποντας τον να κρατά το τιμόνι και να κοιτάζει τα φώτα, αποφάσισε να κορνάρει- το είχαν κάνει και οι πιο πίσω, η ουρά δηλαδή πίσω από το δικό του αυτοκίνητο. Έτσι, έβαλε το χέρι στο τιμόνι και ακούστηκε εκείνο το φώνημα της κόρνας. Με το άκουσμα του ήχου, ο οδηγός του μπροστινού αυτοκινήτου άνοιξε την πόρτα κρατώντας ένα σπαθί, απειλώντας το Γιώργο, που πάγωσε και ζητούσε συγγνώμη· σε μια από τις πολλές συγγνώμες, ο άλλος μπήκε στο όχημά του και έφυγε: αυτό ήταν το τι χρειαζόταν για να κινηθεί...

Τελικά ήρθε ο Γιώργος για ψυχανάλυση: δεν ήθελε πλέον να είναι στην ώρα του, με ακρίβεια, τόση, όση και του θανάτου.

# Μάμα, Παπά: Κάντε Κάτι.

Οι γονείς ήρθαν για να μιλήσουν για το παιδί τους, 13 χρονών: έμπλεκε με αστυνομίες, με παρανομίες, με κακές παρέες, είχε προβλήματα στο σχολείο, απουσίες... η λίστα θα μπορούσε να συνεχίζεται, να κινείται αν θέλετε, όπως και το παιδί τους. Μιλούσαν, μιλούσαν, ανησυχούσαν, και πώς να μην ανησυχούν· κινούνταν και αυτοί, δεν καθόντουσαν καλά στον τόπο τους. Συνέχεια, κάθε τόσο στα λόγια τους πεταγόταν από τη μητέρα ή από τον πατέρα εκείνο το περίφημο «Δεν κάθεται ένα τόπο ο γιος μας», ή, το παρόμοιο, «Δεν κάθεται σε ένα τόπο ο κώλος του»: μια φράση που σε αυτήν την περίπτωση θα έχει μια ιδιαίτερη, δυστυχώς, σημασία.

-«Δεν εμπιστεύεται κανένα, δεν μας μιλάει», είπε η μάνα, για να προσθέσει ο πατέρας, πως ο γιος τους είναι κλειστός χαρακτήρας και προτιμάει να περνάει περισσότερο χρόνο με τους φίλους του, παρά μαζί τους.


Λογικό: αφού το αγόρι ήταν θύμα βιασμού στα δέκα του χρόνια, και οι γονείς αποφάσισαν να μην προχωρήσουν τις νομικές διαδικασίες, για να το προστατεύουν από τη διαδικασία των δικαστηρίων, να μην κάτσει σε εκείνη την άβολη θέση μπροστά από το δικαστή- λες και έφταιγε εκείνος.

# Μια Ιστορία με έναν Τυφλό σε Τρείς Πράξεις Τυφλότητας: Μέρος Πρώτο.

-«Ίσως να φταίω εγώ για όλα αυτά που γινόντουσαν με τη γυναίκα μου- δεν θέλω να χωρίσω, την αγαπώ· μάλλον θα φταίω κι εγώ που έβλεπα ποδόσφαιρο δύο φορές τη βδομάδα». Αυτά δεν είναι λόγοι για χωρισμούς, ειδικά όταν ο άντρας το παραδέχεται και φροντίζει να δίνει στη γυναίκα του την απαραίτητη σημασία, όπως εκείνος: έτσι του είπε ο καλύτερος του φίλος, όταν βρεθήκαν για καφέ το πρωί.

Ένας άντρας θλιμμένος, άρχισε τη συνάντηση με αυτά τα λόγια- την πρώτη φορά που ήρθε να μιλήσει για την «κατάθλιψή» του, το γάμο του που ήταν σε καθεστώς άγνωστο, κατά κάποιο τρόπο, ή, ας το περιγράψουμε καλύτερα σαν θολό τοπίο, λυκόφως τυφλότητας.

-«Έγιναν πολλά τον τελευταίο καιρό και δεν ξέρω αν πρέπει να πάω πίσω στη γυναίκα μου».

-«Μίλα μου για τη γυναίκα σου».

-«Πριν λίγους μήνες, απόγευμα, βγήκε από το δωμάτιο στολισμένη, με τα καλά της, κατά τις 6:30, την ίδια ώρα που έφτασε στο σπίτι μας μια από της φίλες της, κι αυτή στολισμένη. Ρώτησα που θα πήγαιναν, αφού δεν με ενημέρωσαν, και είπε η γυναίκα μου ότι θα πήγαιναν να χαιρετήσουν σε ένα γάμο. Όταν είπα πως θέλω να πάω και εγώ, μου είπε πως θα πάρει πέντε λεπτά, και θα επιστρέψει. Με έπεισε. Πέρασε η ώρα, ώρες κατά την ακρίβεια, πολλές ώρες· σε αυτό το διάστημα της τηλεφωνούσα, γιατί ανησυχούσα αν έγινε κάτι κακό, αν ήταν καλά στην υγεία της. Την αγαπούσα, και ίσως και τώρα, πάρα πολύ. Το τηλέφωνο ήταν κλειστό- το ίδιο και αυτό της φίλης της. Μπήκα στο αυτοκίνητο· θα τις έψαχνα για τουλάχιστον πέντε ώρες, ως τις δύο το πρωί, την ώρα που απογοητευμένος, ανήσυχος, και μετά από τηλεφωνήματα σε όλες τις κλινικές και νοσοκομεία, πήγα στο σπίτι. Ήμουν χάλια. Εκείνη ήταν σπίτι».

-«Που ήσουν», με ρώτησε.

-«Εγώ που ήμουν; Ανησυχούσα, όλα καλά;
Γιατί ήταν κλειστό το κινητό σου»;

-«Δεν είχα μπαταρία».

-«Αυτό της φίλης σου»;

-«Και αυτό το ίδιο, δεν είχε μπαταρία».

-«Γιατί αργήσατε;»

-«Είχαμε πρόβλημα με το λάστιχο».


Υπολείπονται δύο μέρη σε αυτήν την ιστορία-
ας τελειώσουμε αυτό το κομμάτι με ένα λάθος:
την άνω τελεία·

## Μια Ιστορία με ένα Τυφλό σε Τρεις Πράξεις Τυφλότητας: Μέρος Δεύτερο.

-«Και πώς φτιάχτηκε το λάστιχο»;

-«Μας βοήθησε ένας κύριος»

-«Δεν είχε τηλέφωνο αυτός να με πάρεις»;

-«Δεν είχε μπαταρία».

-«Ούτε αυτός»;

-«Ούτε».


Τελικά ο Γιώργος σταμάτησε να ρωτάει- συνεχίστηκε ο γάμος, ώσπου σε 2-3 μήνες του είπε η γυναίκα του ότι θέλει να είναι μόνη της· τα επιχειρήματα στη συζήτηση να είναι του ίδιου επιπέδου, και αυτός να πείθεται πως φταίει «η αγάπη του για το ποδόσφαιρο» για τη σχέση με τη γυναίκα του, το πως ήταν τυφλός και δεν

της έδινε σημασία, δεν την αγαπούσε αρκετά
κλπ. Σύντομα, αυτή μετακόμισε πίσω στους
γονείς της· αυτός έμεινε στο σπίτι που νοίκιαζαν
σαν ζευγάρι. Μετά του είπε να πάει να μείνει
αυτή στο σπίτι, αλλά να πληρώνει εκείνος το
ενοίκιο, να πάει αυτός στους γονείς του, γιατί
ήθελε χώρο και χρόνο να σκεφτεί, να
ξεκαθαρίσει, για να μπορούν να αποφασίσουν
αν θα προσπαθήσουν: αυτός δέχτηκε. Μια μέρα
είπαν να βρεθούν, να μιλήσουν για τον
ταλαντευόμενο γάμο τους.


-«Θα έρθω στο σπίτι», της είπε, «να μιλήσουμε».


-«Όχι, να βρεθούμε στο χώρο στάθμευσης του
τάδε εστιατορίου, κοντά στην παραλία».


Βρέθηκαν εκεί, μίλησαν για να
ξαναπροσπαθήσουν· εκείνη τον πίεζε να πάρει
απόφαση, να της πει αν θα είναι μαζί ή όχι-
έπρεπε να παρθεί μια απόφαση εκείνη την ώρα-
τον βίαζε.

Όταν ρώτησε αυτός γιατί τόση βία του είπε πως είχε κάπου να πάει απόψε και δεν του διευκρίνιζε πού. Της είπε «Σε δέκα λεπτά να σου πω»- πήγε βόλτα στην παραλία, κάτω από το χώρο στάθμευσης, να σκεφτεί. Στα πέντε λεπτά ήταν πίσω να της πει πως θα ξαναπροσπαθήσουν μα αυτή πουθενά. Της τηλεφωνούσε, καμία απάντηση: της ξανατηλεφωνούσε- οι τελευταίες κλήσεις πήγαν σε ένα τηλέφωνο κλειστό. Την άλλη μέρα του είπε «Βιαζόμουν και είχες αργήσει· είχα να πάω σ'ένα μπαράκι».

Πάλιν πείστηκε εκείνος- έτσι είδους αγάπες είναι πράγματι τυφλές. Ιδού το δαιμονικό οπτικό αντικείμενο: Τι ήταν τόσο τρομακτικό για το Γιώργο να δει;

Στο τρίτο μέρος αυτής της ιστορίας θα πούμε παραπάνω, για αυτήν την τύφλωση.

## Μια Ιστορία με έναν Τυφλό σε Τρεις Πράξεις Τυφλότητας: Μέρος Τρίτο.

-«Έλα σπίτι να τα βρούμε», του είπε.

Πήγε αυτός, αφού, παρόλη τη σύγχυση των περιστατικών η «αγάπη και η θέληση» να τα ξαναβρούν με τη γυναίκα του υπερίσχυσε- γι' αυτό και η τύφλωση ήταν αναγκαία: ήταν μεγάλο το κόστος του να δει, να καταλάβει. Στο σπίτι, όταν έκατσε στον καναπέ, εννοώ στο δικό του σπίτι που μέχρι πριν από λίγο καιρό έμεναν μαζί, περιμένοντας τη γυναίκα του να τελειώσει από το φρεσκάρισμα της, έπιασε το μάτι του «κάτι», κάτι κάτω από τον καναπέ· έσκυψε, το είδε καθαρά μα η τύφλωσης τον έκανε να αναρωτηθεί και να ρωτήσει τη γυναίκα του «Τι είναι αυτό»; Ήξερε όμως πολύ καλά τι ήταν.

-«Είναι προφυλακτικό».


-«Το ξέρω αλλά τι γυρεύει εδώ»;


-«Ήρθε χθες η τάδε φίλη μου με τον φίλο της και πρέπει να έκαναν έρωτα την ώρα που πήγα για ύπνο».


Εκείνος ήταν συγχυσμένος, του λέει αυτή «Πήγαινε στο υπνοδωμάτιο μας και θα καθαρίσω». Την άκουσε· με βήματα νωχελικά μπήκε στην κρεβατοκάμαρα και έγειρε πάνω στο κρεβάτι, πήρε βαθιές ανάσες ώσπου κατάλαβε πως κάτι του ενοχλούσε την πλάτη: κοιτάζει κάτω από το σεντόνι και βρήκε έναν αντρικό σταυρό, και κάπου στο πάτωμα μια κάρτα με ερωτικά λόγια. Ρωτά τη γυναίκα του-πάλιν απαντήσεις περίεργες: «Δεν ξέρω πώς βρεθήκαν εδώ, μάλλον είναι δικά σου».

Ποιά ήταν η αξία της γυναικάς να κρατηθεί σε εκείνη τη θέση, οδηγώντας τον σε αυτού του είδους τύφλωση; Θα γράψουμε πολλά για τη γυναίκα...

## Μια Στιγμή σκέψης για το Σαδομαζοχισμό.

Το τηλέφωνο κτύπησε, ένα, δύο ήχους, και ο ψυχαναλυτής απάντησε, στο ακουστικό. Ένας ψυχίατρος, φίλος, τον ρώτησε τα συνηθισμένα, πώς είναι και τι κάνει για να πάρει την άλλη συνήθη απάντηση του «Όλα καλά». Είχαν καιρό μιλήσουν.

-«Έδωσα το τηλέφωνό σου σε κάποιον άντρα που του αρέσει το bondage, και την ώρα της σεξουαλικής πράξης κτυπιέται, βρίζεται με τη φιλενάδα του. Νομίζω είναι σοβαρό· ο ίδιος δεν το κατανοεί, δε θέλει να έρθει για ψυχανάλυση, και δε νομίζω να έρθει για να είμαι ειλικρινής· απλά σε ενημερώνω».

-«Και η κοπέλα του»;

-«Και αυτή το ίδιο· συμφωνεί μαζί του», ενημέρωσε ο ψυχίατρος.

-«Άρα δεν είναι πρόβλημα για εκείνους», απάντησε ο ψυχαναλυτής.


Τότε για ποιον ήταν πρόβλημα, αν όχι για το κοινωνικό σύνολο, ή, ακόμα, και για τον ίδιο το θεραπευτή; Το προβληματικό- το τι είναι ένα «πρόβλημα» δεν το χαρακτηρίζει ο ψυχαναλυτής αλλά ο αναλυόμενος: και αυτό είναι κάτι το οποίο θα μπορούσε να απαλλάξει το βάρος των ιδανικών της αμερικανικής ψυχιατρικής, του «προβλήματος» και του «υγιούς». Το ξαναγράψαμε: ένα σύμπτωμα είναι ένα ιδανικό.

# Περί Τρέλας και Λογικής.

Θα μπορούσαμε να αρχίσουμε με το αινιγματικό και κάπως πολιτικό, τι εννοούμε με τη λέξη θεραπεία και τι με τη λέξη αρρώστια ή τρέλα, μα, αυτό, θα ήταν πολύ πολύπλοκο, χρονοβόρο, και σίγουρα δεν θα καταλήγαμε κάπου.

Αν το απλοποιήσουμε, θα μπορούσαμε να αναφέρουμε το Φρόυντ και πάλι, λέγοντας ότι ο τρελός είναι μόνος του στην τρέλα του, δεν τη μοιράζεται με άλλους· να προσθέσουμε, αυτό το σημείο αναφοράς θα μπορούσε να πάρει την αξία του χρόνου μας, δηλαδή αυτήν την φροϋδική αφοριστική επεξήγηση στην άλγεβρα της τρέλας, και να αναφέρουμε πως, ακόμα, και η τρέλα υπάγεται στο νόμο του παζαριού της δημοκρατίας. Δηλαδή, σε ένα σενάριο που, όχι ένας μονάχος του, αλλά χιλιάδες, ας πούμε 150 χιλιάδες άνθρωποι, τρελοί που «μιλούν με τα άστρα», τότε αυτές οι χιλιάδες τρελών θα μπορούσαν, ναι, άνετα, να δημιουργήσουν ένα πολιτικό κόμμα: θα μπορούσαν να έχουν πρόεδρο, να επηρεάσουν νομοθεσίες, να αλλάξουν το τι είναι λογικό και τι παράλογο, ώσπου οι συζητήσεις στους δρόμους να είναι στο επίπεδο «Αυτός είναι τρελός, δε μιλάει με τα άστρα». Η τρέλα είναι παράγωγο μιας μαθηματικής εξίσωσης, μιας αφαίρεσης, διότι, αν ειπωθεί μεταξύ ανθρώπων η ίδια πρόταση, αυτή του «Είσαι τρελός», θα κερδίσει αυτός που μετράει περισσότερους στην ομάδα του.

Επίσης, με βάση το καινούργιο διαγνωστικό εγχειρίδιο της αμερικάνικης ψυχιατρικής, στο οποίο ακόμα υπάρχει μεγάλο κύμα αντιδράσεων, ένας στους τρεις ανθρώπους θα μπορεί να διαγνωστεί με «πρόβλημα». Ο ηγέτης της παγκόσμιας προσπάθειας για μη έκδοσης αυτού του διαγνωστικού, ήταν ο πρόεδρος της ομάδας για ένα από τα προηγούμενα διαγνωστικά εγχειρίδια.

Αυτά για μια ταπεινή αρχή στο θέμα που αρχίσαμε: αυτό σίγουρα θα το συζητήσουμε περισσότερο.

# Επιστημονικοί Κλέφτες.

Καλά, πολύ ωραία, περιέγραψε ο Γιάγκος
Μικελλίδης, σε ένα από τα άρθρα του, τους
Κύπριους σαν κράτος κλεφτών: ας το
αναλύσουμε ακόμα περισσότερο με το να
διερωτηθούμε τι ακριβώς είναι ένας κλέφτης,
για να δούμε την ουσία αυτού του συμπτώματος
μιας κουλτούρας- σε αυτήν τη συγκεκριμένη
κυπριακή κουλτούρα.

Και τι κάνει ένας κλέφτης- πότε είναι κάποιος
κλέφτης, αν όχι την ώρα που αρνείται να
πληρώσει: κλέφτης είναι εκείνο το υποκείμενο
που παίρνει χωρίς να πληρώνει- ή, πληρώνει
τίποτε· αν μιλούσαμε για ανορεξία, θα
μπορούσαμε να γράφουμε, μια ανορεξία
περισσότερο ψυχική, ότι πληρώνει κανένα
τίμημα, δηλαδή, δεν αναλαμβάνει την ευθύνη
των πράξεών του. Ιδού, το δάκτυλο
τοποθετήσατε επί τον τύπον των ήλων, η ρίζα
του κακού στο κυπριακό πολιτιστικό σύστημα,

καθόλου ξέχωρο από τα άτομα που
περικλείονται σε αυτό το διαλεκτικό και την
ομιλία που τα προσδιορίζει. Το τελευταίο
πράγμα που θα σκεφτεί ένας Κύπριος, και
αναφέρομαι περισσότερο στους άντρες, είναι το
τίμημα που πρέπει να πληρωθεί. Έτσι παίρνουν
οι κλέφτες, χωρίς να παράγουν, αφού η
παραγωγή ίσως να σημαίνει και συνεισφορά-
κάποιου είδους τίμημα.


Η μόνη περίπτωση που δέχονται να πληρώσουν
οι Κύπριοι είναι για «ταυτίσεις», οτιδήποτε θα
εγκλωβίσει την επιθυμία τους: μπαίνουν σε
χρέος για ένα σπίτι, για σπουδές πολλές φορές
χωρίς το απαιτούμενο αντίκρισμα, εννοώ εκείνο
της μόρφωσης· το τίμημα που πληρώνεται είναι
το «Δεν έκανα ποτέ μου τι θα ήθελα στη ζωή
μου», ή το «Έτσι είναι η ζωή». Δεν είναι έτσι η
ζωή- εμείς την κάνουμε έτσι. Μα, για να γίνει
πράξη η κατεύθυνση προς την επιθυμία,
χρειάζεται τίμημα- κάτι να πληρωθεί· κάτι
πέραν του «Πες μου τι να κάνω», που πολύ
συχνά ακούεται στις αίθουσες «ειδικών», που
δέχονται εκείνο το ρόλο του παντογνώστη, λες
και η ανθρώπινη ύπαρξη είναι μια επιστημονική
εφαρμογή μιας φόρμουλας: αν είχαν κάποιο

αντίκρισμα όλα εκείνα τα επιστημονικά τεστ σε σχέση με τον άνθρωπο, το χαρακτήρα του, τις σωστές συμπεριφορές, έρευνες στις οποίες ξοδεύτηκαν εκατομμύρια για να γίνουν, με μεγάλα δείγματα και «μεγάλους επιστήμονες»- τότε δε θα υπήρχαν προβλήματα στην Κύπρο αλλά και σε όλο το κόσμο: και αυτή η επιστημονικότητα είναι ένα είδος κλεψιάς.

Δηλαδή: «Πες μου τί να κάνω για μην αναλάβω την ευθύνη του τι μπορεί να γίνει». Ιδού ο δραγομάνος του Πανεπιστημιακού Λόγου που υπηρετεί τον Αφέντη, και, που η πίστη σε αυτή καθαυτήν την άρθρωσή του, στερεί την ελευθερία- περί αυτού η «επιστημονική» κλεψιά. Ένα καθόλου διαφορετικό «Θέλημα Θεού». Και γι' αυτό είναι αναγκαίοι οι κλέφτες.

## Για τα Παιδιά μου.

-«Δεν το θέλω το σύζυγο, μα μένω μαζί του για
τα παιδιά μου, για το καλό τους· να τα
σπουδάσει, να μη χάσουν τον πατέρα τους».
Αυτά και πολλά άλλα έχει να αντιμετωπίσει μια
γυναίκα στην Κύπρο, αφού η απουσία του
άντρα από τη ζωή της, αν μπορούμε να το
ονομάσουμε αυτό ζωή κάτω από αυτά τα
δεδομένα μιας εξαναγκαστικής επιλογής, ή, ας
προσθέσουμε, η μη παρουσία συζύγου,
στιγματίζεται με διάφορα επίθετα, και δίνει
βίαιες σημασίες του τύπου «Μια γυναίκα είναι
άχρηστη χωρίς τον άντρα».


-«Θα μείνω, δε θα χωρίσω για τα παιδιά μου».
Κανένας δεν την υποχρεώνει πραγματικά για τις
πράξεις της ή την απραξία: δεν είναι αλήθεια
αυτό- είναι μια μερική αλήθεια, όπως όλες:
υπάρχει η οικογένειά της που δεν μπορεί να
σκεφτεί την κόρη χωρίς άντρα, η μάνα της που
παραμιλάει «Τι θα πει ο κόσμος αν χωρίσεις», ο

116

πατέρας που αγκομαχά και ενώ της λέει πράξε ότι νομίζεις πέφτει σε κατάθλιψη στέλνοντας μηνύματα πως προτιμά να «σταθεί στο γάμο της και τα παιδιά της». Και υπάρχει και αυτός ο ανεγκέφαλος αδερφός, ένα δείγμα Κύπριου άντρα, που της λέει πως θα γίνει πόρνη αν χωρίσει- μια χωρισμένη που «τρέσσιεται». Είναι έντονος σε αυτό· δυστυχώς στην κοινωνία που ζει αυτή η κοπέλα δεν υπάρχει σεξουαλική θέση για τη γυναίκα που να εξυμνείται, όπως στη Γαλλία για παράδειγμα όπου η σεξουαλικότητα της γυναίκας δε σηματοδοτεί προστυχιά. Δυστυχώς το «παντρεμένη χωρισμένη» και την εξίσωσή του με το «πόρνη» το πιστεύουν και πολλές γυναίκες, δυστυχώς. Έτσι αποφασίζει να μείνει στο γάμο της, να στηρίξει τα παιδιά της, να είναι καλή μάνα.

Πέρασαν τα χρόνια, περίπου 18, και την πόρτα του ψυχαναλυτή περνάει ένας ψηλός, γεροδεμένος άντρας. Κάθεται, μιλάει. Ξαναέρχεται, λέει πολλά. Μιλά για το πώς τον στιγμάτισε η απάθεια της μητέρας του, και για το βάρος του χρέους του να την έχει καλά» επειδή εκείνη έκανε «τα πάντα γι' αυτούς». Για τα παιδιά της. Το τίμημα θα πληρωθεί, με τον έναν τρόπο ή τον άλλο...

# Υπέρ-Κινητικότητα

Αγγλία, είκοσι χρόνια, περίπου, πριν.

Οι γονείς του κοριτσιού είχαν πάει παντού για να ζητήσουν βοήθεια και γνώμες· γνώμες οι ίδιες, ότι, δηλαδή, το παιδάκι τους ήταν υπερκινητικό, μια λέξη που συνοδευόταν με διάφορα άλλα επίθετα και λέξεις που σκιαγράφησαν τη διάγνωση, δύο διαγνώσεις, κάποτε και παραπάνω. Δε διαφωνούσαν οι γονείς, ήταν συνεργάσιμοι αλλά κάτι έλειπε από τα όσα άκουαν. Έτσι, ανάμεσα στους πολλούς ειδικούς που επισκέφτηκαν, είπαν να πάνε ακόμα μία επίσκεψη όταν άκουσαν για ένα συγκεκριμένο παιδίατρο: όχι πως οι υπόλοιποι δεν είχαν κάνει καλά τη δουλειά τους, μα, όταν πρόκειται για τα παιδιά, κατανοητό, πολλοί γονείς χρειάζονται πιο πολλές γνώμες. Και καλά έκαναν.

Ο παιδίατρος τους είδε, μίλησαν για αρκετή ώρα για το υπερκινητικό κοριτσάκι τους, και προγραμματίστηκε δεύτερη επίσκεψη με την παρουσία του παιδιού· σε εκείνη, τότε, τη δεύτερη φορά, τους ζήτησε να φύγουν από το δωμάτιο για να μείνει μόνος ο γιατρός με το κοριτσάκι. Σε λίγη ώρα ο παιδίατρος, γνωστός λάτρης της ψυχανάλυσης, βγήκε έξω, έκλεισε την πόρτα, και τους φώναξε να πάνε από το πλάι, όπου βρισκόταν ένα παράθυρο από το οποίο μπορούσαν να δουν την κόρη τους. Την είδαν να υπέρ-κινείται, σαν «τρελή», να κάνει περίεργες κινήσεις με τα πόδια, τα χέρια, με τη μέση της, να πηδά στον αέρα, να μην κάθεται σε ένα τόπο...

Πατάει ένα κουμπί στον τοίχο, και, με το πάτημα του, οι γονείς είχαν, εκτός από οπτική εικόνα, και ακουστική: άκουγαν τραγούδια σε μεγάλη ένταση.

-«Αγαπητοί μου γονείς- η κόρη σας δεν είναι υπερκινητική: αλλά χορεύτρια».

Αυτήν την εποχή, στο παρόν, το ίδιο κοριτσάκι είναι η πιο διάσημη χορεύτρια της Αγγλίας - 18 χρόνια μετά από εκείνη την επίσκεψη».

Υπερκινητικό είναι εκείνο το υποκείμενο που δεν έχει βρει το δικό του χώρο- γι' αυτό και υπέρ-κινείται· σε αυτήν την περίπτωση, το δικό της χορό.

## Ο Κανίβαλος της Ρωσίας.

Υπάρχουν πολλά περιστατικά κανιβαλισμού σε διάφορες χώρες, αλλά θα ασχοληθούμε με αυτό συγκεκριμένα. Ο άντρας, δύο μέτρα και κάτι ύψος, πραγματικός Γολιάθ σε άλλη εποχή, είχε πιει μερικά ποτήρια βότκα- ίσως θα έπρεπε να γράφαμε μπουκάλια. Το να πίνει ένας Ρώσος βότκα δεν είναι καθόλου παράξενο· το τι ακολούθησε εκείνη τη νύχτα θα μπορούσε να χαρακτηριστεί όχι μόνο παράξενο αλλά ως «μη ανθρώπινο», ωμή πράξη, κάτι πέραν της συμβολικής τάξης του πολιτισμού που βασίζεται σε πυλώνες όπως το να μην τρώει ο ένας άνθρωπος τον άλλον, τουλάχιστον αν μιλούμε για πραγματική τροφή και όχι τη μεταφορική έκφραση του «τον έφαγε το μάτι», ή «τον έφαγε ο πόνος του».

-«Μετά που ήπιαμε με τους φίλους μου, ήταν αργά, ήρθε η ώρα να πάω σπίτι· περπάτησα από το μέρος που ήμασταν παρέα, μόνος μου,

122

μέχρι το σπίτι. Παντού είχε χιόνι, στη μέση του χειμώνα, και έκανε πολύ κρύο. Στην είσοδο της πολυκατοικίας που έμενα, υπήρχε κάποιος άγνωστος, έξω και κάπνιζε· αρχίσαμε να μιλούμε, δε θυμάμαι τι λέγαμε, και σύντομα πιαστήκαμε στα χέρια. Τον κτύπησα στο κεφάλι και αυτός έπεσε χάμω- νεκρός. Όταν τον είδα στο χιόνι πεθαμένο, μου ήρθε η σκέψη να «δοκιμάσω το κρέας του». Το σήκωσα, τον πήρα στο διαμέρισμά μου· τον έβαλα στη μπανιέρα και τον έκοψα σε κομμάτια για να χωράει στην κατσαρόλα. Έβρασα νερό και έβαλα κάποια από αυτά μέσα να βράσουν. Δε μου άρεσε βραστός, ήταν άσχημη η γεύση, έτσι τηγάνισα τα κομμάτια- τότε ήταν καλύτερο το κρέας του. Ανέβηκα ένα όροφο πιο πάνω και έδωσα μερικά σακούλια με κρέας σε κάτι γνωστούς. Τους είπα ότι ήταν κρέας γουρούνας».


Ιδού το αρχέγονο στοματικό αντικείμενο του Φρόυντ στη χειρότερη του μορφή, χωρίς καθόλου συμβολική τάξη, πέραν του «πρέπει να βράσει», να διαφαίνεται σαν το αποκαλυπτικό τέρας εκ της αβύσσου. Ιδού η γύμνια του πολιτισμού όταν δεν υπάρχει διαχωρισμός του οργανισμού με το σώμα. Κατά την ακρίβεια υπήρχε συμβολισμός: δεν ήταν άνθρωπος μπροστά στον κανίβαλο μα κρέας που έπρεπε να δοκιμαστεί. Το μόνο πρόβλημα του συγκεκριμένου κανίβαλου ήταν το ότι δεν ήταν νόστιμο το κρέας και έπρεπε να σκεφτεί άλλους τρόπους να το ψήσει. Δεν πεινούσε- απλά ήθελε να το δοκιμάσει: αφού εκείνο που σημαδεύεται εδώ είναι εκείνη η αιμοβόρα, απόλυτη στοματική απόλαυση πέραν από την πείνα την ίδια.

# Το Γυναικείο Σώμα σαν Σύμβολο
# Ευνουχισμού.

Ο νέος αγαπούσε τη γυναίκα του- μια αγάπη
μάλλον πλατωνική, δίχως εκείνη τη σωματική
επαφή που θα χαρακτήριζε τη σχέση, που
εξελίχθηκε σε γάμο, ερωτική, σε κάποιο βαθμό:
αυτό δεν μπορώ να το προσδιορίζω. Δεν ήταν
το ότι δεν την ποθούσε κατά καιρούς· τη
σκεφτόταν, κατά καιρούς, ήθελε να κάνει έρωτα
μαζί της μα το Πραγματικό, η πραγματική
υπόσταση της θεωρητικά εύκολης ερωτικής
πράξης, δεν τον άφηνε: κάθε φορά που
αντικριζόντουσαν γυμνοί, καθόλου παράξενο
για ένα νεαρό ζευγάρι, την ώρα της ένωσης των
σωμάτων τους, αυτός διακατεχόταν από έναν
ωκεάνιο πανικό- έχανε τη στύση του και
λουζόταν με κρύο ιδρώτα. Είχε δοκιμάσει
διάφορα, βιταμίνες, γυμναστική, διατροφή,
φάρμακα, εγχειρήσεις: αυτά βοήθησαν πολύ
λίγο στις ιδέες του- το κορμί του ήταν έτοιμο
για έρωτα μα όχι ο φόβος του· κατάλαβε πως
κάτι απόφευγε με την «πληγωμένη» στύση του.
Και πως, η μόνη πρόσβαση που είχε στην

ερωτική πράξη, για κάποιους λόγους που θα ήθελε να εξερευνήσει, ήταν από τη θέση του θεατή, εκείνη του ματιού: ο τρίτος παράγοντας στη σεξουαλική σχέση. Πολύ συνήθης αυτός ο τρίτος παράγοντας στους άντρες- να χρειάζονται δηλαδή εκείνο τον τρίτο παράγοντα, το δεύτερο άντρα ή τον Άλλο που επιθυμεί τη γυναίκα, για να μπορούν να την επιθυμήσουν οι ίδιοι: ο δεύτερος άντρας, φανταστικός και μη, κατά κάποιο τρόπο, είναι αναγκαίος για να έχουν στύση.


Vagina Dentata: ένας γυναικείος κόλπος με δόντια- ένα φοβερό δημιούργημα, θρύλος, μύθος σε πολλές κουλτούρες και συνδεδεμένος με τον αντρικό φόβο ότι η συνουσία με τη γυναίκα θα φέρει αποκοπή του αντρικού οργάνου. Ο αναφερόμενος νέος, δεν είχε πρόβλημα με τη στύση του· είχε στύση κάτω από άλλες συνθήκες. Το «πρόβλημα» παρουσιαζόταν όταν βρισκόταν αντιμέτωπος με αυτό το «τέρας». Στην Πραγματικότητα, δεν υπάρχει άντρας που να μη φοβάται τη γυναίκα.

# Για την Αγάπη του Πατέρα.

Ο νέος, κοντά στα είκοσι του χρόνια, με μια βαθιά συγκίνηση στα μάτια του, από εκείνη που σε κάνει να δακρύζεις, δάκρυα αργά και χοντρά, σεβασμού και ευθύνης. Πήρε το στυλό ο νέος και ένα χαρτί, σημαδεμένος με το νερό της ψυχής του.

Και έγραφε ο νέος· έγραφε και έκλαιε:

-«Πατέρα, θα έκανα τα πάντα για σένα. Είσαι άξιος σεβασμού και αγάπης και θα έδινα ακόμα και τη ζωή μου για να είμαι κοντά σου έστω και για μια στιγμή. Ο λόγος σου ήταν και είναι άγιος και θα τον ακολουθήσω κατά γράμμα. Δεν υπάρχει τίποτα πιο ωραίο για ένα γιο από το να είναι κοντά στον πατέρα του, που του έδωσε τη ζωή και που με τα λόγια του, τα άγια, έστρωσε την κατεύθυνση για τούτη τη ζωή και την άλλη. Θα σε υπηρετήσω πιστά πατέρα. Ξέρω ότι πολλοί γύρω μου σε χλευάζουν, με χλευάζουν κι εμένα και τα αδέλφια μου, τους γιους σου, και θυμώνω γι' αυτό επειδή εσύ έκανες τα πάντα για εμάς, πάντοτε, και επειδή η αγάπη σου ήταν πάντα δεδομένη· δεν υπάρχει πραγματικός τρόπος για να το ξεπληρώσω, αυτή σου την αγάπη- μακάρι να υπήρχε κάτι ώστε να νιώθω αντάξιος των προσδοκιών σου...»


Έγραψε πολλά, και άλλα, όλα για τον πατέρα του· περίπου ένα μήνα μετά βρήκε την ευκαιρία να υπηρετήσει τον πατέρα και να ξεπληρώσει εκείνο το τεράστιο χρέος που, σχεδόν, θα έλεγε κανείς, χρειαζόταν αίμα και όχι δάκρυα για να ξεπληρωθεί: ο νέος ήταν ένας από τους καμικάζι της 11ης Σεπτεμβρίου, οδηγός ενός εκ των δύο αεροπλάνων που κτύπησαν τους δίδυμους πύργους. Για την αγάπη του πατέρα, ο γιος υποδουλώνεται...

# Ιερός Δούλος.

Το αγόρι το κτυπούσε ο πατέρας· το κτυπούσε συχνά, κάθε μέρα· κάποτε δύο ή και τρεις φορές τη μέρα: το ξύλο έγινε πραγματική τροφή. Το κτυπούσε μέχρι που τα πράσινα μάτια του αγοριού δεν έκλαιγαν και δεν έκλειναν όταν σε κοίταζε, και όταν σε έβλεπε ένιωθες να σε αντανακλά κάτι πέραν της ζωής, σαν το βλέμμα το κρύο εκείνου που επέστρεψε από τους νεκρούς- το μάτι του αγέλαστου Λαζάρου. Δεν ήταν κάτι το διαφορετικό από το τι συνέβαινε στο σπίτι. Το κτυπούσε βάναυσα, ακριβώς όπως κτυπούσε και τη μάνα του αγοριού, τα αδέρφια του· η οικογενειακή βία, και δεν γράφω ενδοοικογενειακή βία, μα οικογενειακή, σαν σημείο αναφοράς του μικρού παιδιού, το ψωμοτύρι, ήταν ο τρόπος που σημαδευόταν το κάθε κορμί, στον τόπο του, από έναν πατέρα που τα πάντα, από το οικονομικό ως και την ίδια τους τη σωματική υπόσταση, εξαρτιόνταν από αυτόν: να μην πούμε πολλά για την ψυχική, θα φανούν προς το τέλος του άρθρου. Δεν υπήρχε ο συμβολικός

πατέρας, ο τόσο αναγκαίος για τη
σταθεροποίηση του παιδιού, μα ένας
πραγματικός διάβολος.


Μια υπερπαρουσία αυτής της τρομακτικής,
πράγματι, φιγούρας, που απότομα χάθηκε όταν
πέθανε και έμεινε η οικογένεια στο κενό- την
άβυσσο που άφησε πίσω του ο κύριος των
μυγών, ένας άλλος Βεελζεβούλ· μάλλον ήταν
περίπου έτοιμος να εμφανιστεί ο ανθός του
σπόρου στην άβυσσο που έσπειρε- ένα
χειρότερο τέρας, πολύ άσχημο, πιο άσχημο και
από αυτόν τον ίδιο. Θα δούμε το γιατί. Με το
θάνατο του, έμειναν πίσω χρέη, εμφανίστηκαν
άλλα χρέη, χάθηκε το σπίτι, και η μάνα, αφού
είχε παιδιά, έκανε διάφορες δουλειές, δύο,
τρείς, όσες χρειαζόταν για να έχουν τα παιδιά
να φάνε, όχι ξύλο, να φάνε. Ήταν καθαρίστρια,
νοσοκόμα, μα τα λεφτά δεν ήταν αρκετά έτσι
δούλευε και σε μπαρ, με το χειρότερο όνομα
όπως λένε, εκείνα τα κακόφημα, με πόρνες και
«καθώς πρέπει κυρίους» που αφήναν τις βρωμιές
τους πίσω τους, στα ποτήρια, τα πιάτα, στις
πόρνες: δούλευε στην κουζίνα η μητέρα, έπλενε
αυτές τις βρωμιές, δεν ήταν πόρνη. «Γιατί
μάνα», ρώτησε ο μικρός όταν κάποιος

130

καλοθελητής του είπε πως η μάνα του ήταν
Ιερόδουλη. Εκείνη του εξήγησε πως απλά
έπλενε πιάτα. Δεν έκανε κάτι κακό.


Λίγα χρόνια μετά στο δικαστήριο έγιναν
μεγάλες καταθέσεις, μεγάλες ως προς τη
σημασία τους, μεταξύ άλλων. Ο μικρός, το
αγόρι που αναφέραμε, εξελίχθηκε σε κατά
συρροή δολοφόνο- σκότωνε πόρνες:

-«Μισούσα όλες τις πόρνες και συνεχίζω να τις
μισώ· τις συναντούσα για σεξ, μα, όταν τις
αντίκριζα, άλλες εικόνες έρχονταν στο μυαλό
μου. Άκουα φωνές που με πρόσταζαν να
σκοτώσω…». Αυτοκτόνησε το 1997. Όχι πολύ
μακριά· στην Ελλάδα. Δίπλα μας· κανένας
γείτονας δεν άκουσε τις δικές του φωνές· τότε.

## Αυτοπεποίθηση.

Είχε έρθει για τις απορίες του- αρχικά για μία μόνο, δεμένη συνειδητά με τη δική του παιδική ηλικία· με εκείνο που, στο μυαλό του, ακόμα τον ενοχλούσε: το μόνο που δεν ήξερε ήταν το πόσο, δηλαδή ότι σπαταλούσε όλη του τη ζωή για να ξεφύγει από εκείνο το «Είσαι μιτσής εσύ και δεν τα καταφέρνεις».

Η απορία του ήταν, σαν πατέρας πλέον, αφού προσπαθούσε να μην επαναληφθεί το τι βίωνε αυτός σαν παιδί, σε σχέση με το «είσαι μιτσής εσύ» που άκουγε καθημερινά από τη μητέρα του, πάλιν είδε συμπεριφορές και αντιδράσεις αυτού του τύπου πάνω στο παιδί του. Αντίκρισε τον εαυτό του στο πρόσωπο και σώμα του παιδιού του, από το ρόλο του πατέρα, και το τι κοίταζε σαν μάρτυρας και πρωταγωνιστής, ήταν φοβικό για τον ίδιο: μια αλήθεια δική του δεν είχε τεθεί κάτω από τα σωστά ερωτήματα ώστε να αρθρωθεί και να έχει άλλη χρήση, πιο λίγη

ευχαρίστηση- πιο λίγη Απόλαυση: η απόλαυση
του να ήταν το θύμα του Άλλου.


-«Δεν καταλαβαίνω, πως ενώ προσπαθούσα να
έχει ο γιός μου αυτοπεποίθηση, κατάντησε
όπως ήμουν εγώ»; Μιλούσε, δεν του πήρε καιρό
για να βγάλει από μέσα του το ότι ένιωθε πως
έπρεπε να είναι κοντά στο παιδί του, να μιλήσει
για το δικό του πατέρα που έλειπε, που ήταν
στον κόσμο του, αμίλητος, που δε μπορούσε να
τον προστατεύσει από το να «είναι μιτσής» και
να του δείξει πώς να μεγαλώσει.

-«Είμαι πολύ κοντά στο γιο μου, δεν το θέλω να
νιώθει μόνος και ότι είμαι μακριά του· θέλω να
το βοηθώ στις δυσκολίες του, να είμαι παρών
πατέρας: σκέφτομαι κάποτε, όταν δυσκολεύεται
με ένα παιγνίδι, πως τον αγαπώ και τον βοηθώ-
εγώ δεν το είχα αυτό από τον πατέρα μου: τον
βοηθώ γιατί δεν έχει αυτοπεποίθηση».


-«Ναι- ο γιος σου είναι «μιτσής» και δεν τα
καταφέρνει».

## Δύο Θάνατοι.

Υπήρχε στα μάτια του, στα λόγια του, ακόμα και στον τρόπο που τοποθετούσε το κορμί του ανάμεσα στο χώρο, η εικόνα της μελαγχολίας- όχι της πολυδιαφημισμένης κατάθλιψης, προϊόν του καταναλωτισμού, αλλά της βαρετής και ασήκωτης μελαγχολίας όπως ακριβώς την περιέγραψε ο Φρόυντ. Αυτός ο άντρας δεν ήταν νεκρός, δεν θα πέθαινε με την έννοια του να πάψει ο οργανισμός του να ζει· αυτό, θα γινόταν σε βάθος χρόνου, μετά που δε θα υπήρχε τίποτε άλλο να το βασανίσει: με αυτόν τον τρόπο, εν-γράφηκε η ύπαρξη μέσα σε ένα δίκτυο σημαινόντων, και που τον τοποθέτησαν σαν αντικείμενο τους στη μέση. Ζούσε, όπως ζουν οι ζωντανοί νεκροί, τα ζόμπι- ένα πτώμα που κινείται, αν θέλετε δίχως ψυχή: θα προτιμούσα, και έτσι καταλήγω την πρόταση, ένα κορμί χωρίς επιθυμία. Είχε περάσει από καρκίνο, διάφορες άλλες αρρώστιες τις οποίες γιάτρεψε, και, με τα λόγια του, «Καμιά από αυτές δεν ήταν τόσο οδυνηρή όσο εκείνο το συναίσθημα της μελαγχολίας, του ζωντανού που δε ζει»: του θανάτου της επιθυμίας, θα προσθέσω στην πρόταση.


Τελικά κατάφερε και γέλασε- όταν άρχισε να κάνει άλλους να γελούν· η μελαγχολία του, δηλαδή, είχε γίνει η βάση από την οποία θα γεννιόταν, ξανά και ξανά, το γέλιο, η κωμωδία: δούλευε σαν κλόουν, και σαν κωμικός, όπου τα «μαύρα αστεία» έκαναν τους θεατές, τον Άλλο, να γελά, να ανταποκριθεί διαφορετικά στο αστείο της ζωής: το ανθρώπινο δράμα του τι σημαίνει να είσαι άνθρωπος. Αυτό ξαναγράφτηκε με κάποιο τρόπο: ο υποδουλωμένος διαλέγει το πώς θα ζήσει πριν πεθάνει- ο ελεύθερος το πώς θα αντικρίσει το θάνατο: για να πει, όχι ότι τον φοβάται, αλλά ότι έζησε· και ότι έζησε επιθυμώντας.

## Παρέα με τα Παιδιά μου.

Η γυναίκα, πενήντα- πέντε χρόνων, ήταν
ξεκάθαρη σε ό,τι έλεγε, για το γάμο της, τη ζωή
της ολόκληρη μέχρι εκείνη τη στιγμή, τον
άντρα της που αποφάσισε να μείνει σε άλλη
χώρα. Η αλήθεια να λέγεται την προσκάλεσε να
πάνε μαζί· ήταν ένα σπίτι εξοχικό μέχρι
πρόσφατα, από τα τέσσερα ή πέντε που είχαν·
ευκατάστατη οικογένεια, ακατάστατη κατά τα
άλλα.

- «Δεν πήγα με τον άντρα μου· δεν είμαι τρελή:
ξέρω πολύ καλά ότι η σχέση μας ήταν καθαρά
σωματική. Μόνο το σεξ μας ένωνε· δεν έχουμε,
και ποτέ δεν είχαμε τίποτα να πούμε. Και τώρα,
φυσικά, στα πενήντα- πέντε τα δικά μου και
εξήντα τα δικά του, το κενό της σχέσης μας
είναι πολύ εμφανές».

136

Έλεγε αυτή η κυρία πως η σχέση τους ήταν βιολογική- μα έκανε λάθος. Τελικά υπήρχαν και άλλες παράμετροι στη σχέση: στις διακοπές, στις φωτογραφίες που είχε, ο άντρας πάντα έλειπε· ήταν εκείνη και τα παιδιά. «Με ενοχλούσε από τη μια· δεν ήταν σωστό να απουσιάζει συνέχεια- και από την άλλη, όμως, είδα τόσα ωραία μέρη, παρέα με τα παιδιά μου. Έτσι, όπως λένε, τα κατάπινα».


Παρέα με τα παιδιά μου... Αυτά, όπως και κάθε παιδί, είναι σύμπτωμα του γονικού ζεύγους. Σε αυτή τη περίπτωση ο γιος παντρευόταν και χώριζε, τουλάχιστον τέσσερεις φορές, με τέσσερα παιδιά- μια υπερπροσπάθεια να φτιαχτεί η οικογένεια. Και η κόρη, να βασανίζεται με ανορεξίες- αν θέλετε να μην μπορεί να καταπιεί...

# Εκείνη η Συνεδρία με τον Καμπαρετζή.

Ερχόταν κάπως αραιά και όχι για πολύ-
τέτοιου είδους άντρες σπάνια αποζητούν τον
ψυχαναλυτή· ερχόταν, μιλούσε με τα «φερ´
ειπείν» του και τα «βαρ'τον εαυτό σου στη θέση
μου»: σε τι ήθελε να είμαι μάρτυρας αυτός ο
άντρας; Ποια ευθύνη δεν αναλάμβανε; Όταν
τέλειωνε η συνεδρία έβγαζε την παραδοσιακή
«ματσούα» με τα 50 ευρώ από πάνω, τη
ματσούα του καπαρετζή όπως μου την
χαρακτήρισαν κάποτε· έπαιρνε από αυτήν το
ποσό που έπρεπε να πληρώσει και το έριχνε στο
γραφείο. Τελικά, μια δύο συνεδρίες του πήρε,
μου είπε «Έχω μπαρ με κοπέλες», βγάζω πολλά
λεφτά. Και ακόμη μια δύο συνεδρίες για να
αναφέρει πως η μάνα του, του έδινε ηρεμιστικά
γιατί ήταν άτακτος, από 5 χρόνων.

Μίλησε πολύ για τη μάνα του· είχε ακόμα
πολλά να πει για εκείνη μα ήταν πολύ
τραυματικά, προς το παρόν, για να αρθρωθούν.

Μετά ξαναπήγε στις κοπέλες του, και στα χαρτιά- το πρόβλημα που θεωρητικά, τον έφερε στον ψυχαναλυτή. Το ξανάγραψα: ο χαρτοπαίχτης δεν αγαπάει κανένα, καμιά κοπέλα- όσες και να είναι. Είναι ο χειρότερος Άγιος Βασίλης για να ζητήσει από εκείνον, μια γυναίκα το δώρο της αγάπης.

## Θα το πω της Μάμας μου.

Όταν η φράση που χρησιμοποιήσαμε για τίτλο ακούεται, είναι ενδεικτική μιας κατάστασης, συνήθως με ένα παιδί, που θέλει προστασία. Δεν προκαλεί την περιέργεια μας, εκτός, αν αναφέρουμε πως το άτομο που λέει «Θα το πω της μάνας μου» είναι πενήντα-πέντε χρόνων, έχει παιδιά κοντά στα είκοσι...

Ο πατέρας και η μητέρα είχαν επισκεφτεί τον ψυχαναλυτή για να συζητήσουν για το μεγάλο τους γιο, περίπου 18 χρονών. Άρχισε ο πατέρας με το να λέει πως δε μπορούν να τον ελέγξουν πλέον, πως το παιδί αντιδρά και ότι ακόμα απείλησε τον πατέρα. Ο ίδιος ανέφερε, ο πατέρας, πως φοβάται το παιδί του και ειδικά το ξύλο. Η μάνα απαντάει στον πατέρα «Είναι όλα αυτά που έκανες εσύ για χρόνια στα οποία αντιδρά το παιδί μας. Τώρα έγινες φοβητσιάρης. Επιτρέπεται κύριε ψυχαναλυτή να του κάνουμε μια παρατήρηση και να μας λέει ότι θα το πει της μάμας του, πενήντα-πέντε χρονών άνθρωπος»;

Η συζήτηση μπροστά στον ψυχαναλυτή φέρνει στην επιφάνεια αλήθειες για τις οικογενειακές συντεταγμένες, που μαρτυρούν ότι το παιδί τους δεν είχε πρόβλημα- τα προβλήματα τα είχαν οι ίδιοι. «Την άλλη φορά, πάλι κάτι έγινε στο σπίτι, πριν χρόνια όταν ακόμα τα παιδιά δεν είχαν τη σωματική διάπλαση για να τα φοβάται και επειδή κάτι δεν του άρεσε άρχισε να μας κτυπά με τη σκούπα, εμένα, τα παιδιά, τη μάνα μου, και μια ξαδέρφη του που βρισκόταν εκεί. Αυτά είχα να αντιμετωπίσω με αυτόν τον άνθρωπο όλα τούτα τα χρόνια».

-«Και τι σε κράτησε μαζί του, αγαπητή μου»;

# Μια Καθηγήτρια που θα ήθελε να είναι Πόρνη.

Η γυναικά ήταν καθηγήτρια σε ένα πολύ γνωστό πανεπιστήμιο της χώρας της· επιτυχημένη καριέρα, άδεια η ζωή της: αυτά ανέφερε την πρώτη φορά που μίλησε με τον ψυχαναλυτή. Μίλησε πολλές φόρες· σε μια από αυτές, ακόμα στις αρχικές συνεδρίες, ανέφερε πως τα βράδια, δύο μήνες τώρα, δούλευε σαν call girl, σαν πόρνη πολυτελείας· ζητούσε να αλλάξει κάτι από τη ζωή της- δεν ήξερε τι ακόμη.

Μια δυο μικρές παρεμβάσεις, και στην επόμενη συνεδρία ήρθε να ανακοινώσει πως παραιτήθηκε από την εταιρεία που δούλευε σαν call girl. Όταν ρωτήθηκε ποιος ήταν ο λόγος της παραίτησής της, τότε αυτή απάντησε «Κανένας δε με διάλεγε για να περάσει το βράδυ του». Γέλασαν- άρχιζε η δουλειά του παραγκωνισμού της ευχαρίστησης που φέρνει η άγνοιά μας, σε σχέση με τη ζωή μας.

## Το Αγόρι που Σχεδίασε το Χριστό με Όπλο.

Η ζωγραφιά ήταν έντονη, καλλιτεχνική, και θα μπορούσες να τη φιλοσοφήσεις αν δεν προερχόταν από ένα πεντάχρονο αγόρι· σε αυτήν την περίπτωση σκέφτεται κάποιος δύο φόρες λόγο και του νεαρού του καλλιτέχνη· σκέφτεται και τρέμει για το τι μπορεί να κρύβει η ψυχή αυτού του παιδιού, που πιστεύει σε ένα Χριστό με αυτόματο.

Ο ψυχαναλυτής, αφού είδε δύο φορές το παιδί και τη μάνα του, της ζήτησε να έρθει για ραντεβού χωρίς το παιδί.

- «Γιατί»;

- «Επειδή έχετε πολλά να μου πείτε».

Και όταν ήρθε η μητέρα είπε πως πολλές φορές είδε τον πατέρα να «βάζει χέρι» στο παιδί· προσπαθούσε να τους έχει χωριστά: εκείνη και ο σύζυγος της είναι σε διάσταση μα μένουν μαζί. Όταν ρώτησε ο ψυχαναλυτής, γιατί δεν το διώχνει από το σπίτι, να ειδοποιήσει αστυνομία σχετικά με το τι γίνετε στο παιδί της, τότε εκείνη ανέφερε πως ο άντρας της θα έπαιρνε πολλά λεφτά από μια ασφάλεια σύντομα και αν έφευγε τώρα δε θα είχε λόγο στο μέρισμα.

Καλά που το παιδί έχει το Χριστό με το αυτόματο να το προσέχει: ο Φρόυντ έγραψε πως ο τρελός είναι εκείνος που ονειρεύεται ξύπνιος. Και δεν εννοώ το παιδί σε αυτήν την περίπτωση αλλά τους γονείς του.

## Το Παιδάκι που δε Μιλά.

Το παιδάκι του ζευγαριού δε μιλούσε, ενώ ήταν σε ηλικία που θα έπρεπε, τουλάχιστον βιολογικά θα μπορούσε· το παιδάκι που δε μιλά, πολύ συνήθης λόγος επίσκεψης στον ψυχαναλυτή. Μάλλον, δεν θα έλεγα ότι της πηρέ καιρό, μίλησε, κοίταζε τον ψυχαναλυτή στα μάτια·έπαιζε, γελούσε και απολάμβανε την κάθε συλλαβή, το κάθε δευτερόλεπτο- ο χρόνος μετριέται με διάφορους τρόπους· ο Καζαντζάκης έγραψε πως μετριέται με τους κτύπους της καρδιάς: αυτός είναι ο χρόνος του πραγματικού.

Και όταν το παδί ήταν, ας πούμε, μια χαρά, σε κάποια φάση η μάνα και ο πατέρας ζήτησαν να μιλήσουν για το παιδί τους. Ούτε η πρώτη πρόταση του πατέρα δεν τελείωσε, ξέσπασαν σε κλάματα, παράπονα που κρατούσαν μέσα τους για χρόνια, ο ένας για τον άλλον, για τους γονείς τους·και μέσα στον ταλαντευόμενο λόγο τους άκουες κάθε τόσο «Και δεν το είπα σε κανένα», ή, «Κράτησα το στόμα μου κλειστό.»

146

Αυτό το ζευγάρι είχε σαν ιδανικό του τη σιωπή-
και ακριβώς εκείνο τους έδινε το παιδί τους.

# Περί Αυτοκτονίας.

Το ιδανικό είναι η ζωή- έτσι σκέφτονται οι πιο πολλοί άνθρωποι, και έτσι γράφουν πολλές θεωρίες: όχι όμως και ο μελαγχολικός, όχι εκείνος που αυτοκτονεί αλλά εκείνος που σκέφτεται την αυτοκτονία. Ο Νίτσε έγραψε πως «Η σκέψη της αυτοκτονίας είναι μεγάλη βοήθεια· βοηθά κάποιον να ξεπεράσει πολλές κακές νύκτες». Νομίζω ήθελε να πει πως η «διέξοδος» από εκείνη τη βαρετή μελαγχολία μέσω της αυτοκτονίας λειτουργεί σαν κάποιου είδους παυσίπονο- ως την άλλη μέρα, ώσπου να βρει τη μετωνυμία της ζωής του το άτομο που μελαγχολεί. Νομίζω είχε δίκαιο. Το τι οδήγησε κάποιον στην αυτοκτονία δε μπορεί να είναι απλό πράγμα, απλή επεξήγηση, είτε με βάση τη βιολογική θεώρηση ή οποιαδήποτε άλλη φιλοσοφία· είναι πολύπλοκο και προσωπικό.

Η κυρία είχε πεθάνει- αυτοκτόνησε, είπε ο γιατρός και όλοι όσοι ήταν μάρτυρες στην πτώση της. Εκείνο που δεν ήξεραν είναι ότι βίωνε οπτασίες- και δεν εννοώ ψέματα ή κάτι που δεν υπάρχει- αλλά κάτι που στη δική της περίπτωση ήταν Πραγματικό. Και ο λόγος που έπεσε, που αυτοκτόνησε; Μιλούσε για άτομα που την καταδίωκαν, με μαχαίρια, να την σκοτώσουν- από αυτό προσπαθούσε να ξεφύγει, έτρεχε, προσπαθούσε να κρυφτεί, μα πώς να ξεφύγει κανείς από τα φαντάσματά του, που περνούν πόρτες, τα κουβαλά μαζί του. Πήδηξε στο κενό, και ποιος να ξέρει τι έβλεπε σε εκείνο το κενό; Ή μάλλον, τι τρομακτικό έβλεπε σε εκείνο που εμείς θα λέγαμε ζωή;

Και η άλλη κοπέλα, που στεκόταν στο κενό και την ύστατη στιγμή τηλεφώνησε σε μια φίλη της-αποφάσισε να ζήσει. Μετά, την άλλη μέρα, τηλεφώνησε σε έναν ψυχαναλυτή: «Γεια σας, θα ήθελα να έρθω για να μιλήσω».

-«Θα ήθελα να σε ακούσω».

Όταν ο Φρόυντ μίλησε για την Ορμή του Θανάτου, όπως επεξήγησε ο Λακάν, μιλούσε όχι για την πορεία προς το θάνατο μα για το θάνατο που υποκινεί τη ζωή: και με τα λόγια του Καζαντζάκη – «Ερχόμαστε από το σκοτάδι και πηγαίνουμε προς αυτό, και το ενδιάμεσο το λέμε ζωή». Εκείνο το «λέμε», το μιλούμε, ακριβώς, είναι η ζωή.

# Τα Παιδιά μου, που είναι Προβληματικά.

Οι πολλοί ψυχολόγοι που ερμήνευαν τις ζωγραφιές των παιδιών της δεν ακούστηκαν, εννοώ από εκείνη, τη μητέρα· ερμηνευτήκαν οι ψυχολόγοι από τη μητέρα, το αντίθετο, αφού η ίδια δε δέχτηκε τίποτε από όσα έδειχναν ή σκιαγραφούσαν εκείνα τα μουντζωμένα έργα τέχνης: ήταν τα παιδιά της που μιλούσαν μέσα από τα περίτεχνα ορνιθοσκαλίσματα τους και όχι οι ψυχολόγοι. Δεν άκουγε κανένα- δεν άκουγε, ξαναγράφω, τα παιδιά της, και, ο λόγος που συνέχισε, κάθε τόσο, να κουβαλά τα παιδιά από τον έναν ειδικό στον άλλο ήταν γιατί χρειαζόταν αναφορές για τα επιδόματα που έπαιρνε- με το ζόρι τα παιδιά να έχουν πρόβλημα. Οι ειδικοί, με πολύ ευγένεια, και τρόπο, προσπαθούσαν να προστατεύσουν τα παιδιά από αυτή τη ταμπέλλα, του προβληματικού. Της εισηγηθήκαν να πάει και αυτή σε έναν «ειδικό» - μα αρνιόταν, ώσπου έμαθε πως αν έπαιρνε ένα χαρτί ασθενείας από κάποιο ψυχίατρο θα δικαιούνταν επίδομα: το πιο απλό και συνήθες- κατάθλιψη.

Και μετά από την επίσκεψη στον ψυχίατρο, με τον πατέρα της να αναμένει στην αίθουσα αναμονής, αφού ήξερε το γιατρό σαν ασθενής παλιός που ήταν, η ίδια ένιωθε πως ξεγέλασε τον ειδικό και περηφανευόταν. Αργότερα το ίδιο απόγευμα ο γιατρός τηλεφώνησε στον πατέρα της και του είπε πως η κόρη του έχει σοβαρότατο πρόβλημα- όχι κατάθλιψη: ήταν παρανοϊκή. Τα παιδιά το ζωγράφισαν αυτό, αυτή δηλαδή την παράνοια του γονέα τους· αυτό φαινόταν στις ζωγραφιές τους- εκείνος ο Μεγάλος Άλλος που ελέγχει τα πάντα... Αν θέλετε, θα μπορούσαμε να γράψουμε πως η Απόλαυση πηγάζει από τον Άλλο· και σε αυτό το σημείο πηγάζει η παρερμηνεία του, δομικά, παρανοϊκού. Φαντάζομαι του κάθε ανθρώπου.

# Η «Αρκετά Κακή» Μάνα.

Στις διάφορες θεωρήσεις για το πώς πρέπει να
είναι μια μητέρα, πιο γνωστή, ίσως, να είναι
αυτή του Άγγλου ψυχαναλυτή Winnicott, που
μίλησε για την «αρκετά καλή μητέρα»· δηλαδή,
με απλά λόγια, μια μάνα χρειάζεται να είναι
κάπου στη μέση, αρκετά καλή. Είναι ένας
ορισμός που πάει πίσω στην αριστοτελική
χρυσή τομή, το μέτρο- και βασίζεται στην
περίοδο που ζούμε στο καπιταλιστικό
διαλεκτικό του «ιδανικού» και της «αποτυχίας»,
με απάντηση σε αυτό το δίπολο το «αρκετά
καλή». Το αρκετά καλή ή το τέλεια μητέρα
είναι προϊόν του αγγλοσαξονικού ιδεαλισμού,
μιας θεωρίας υποστηριζόμενης από τις
αμερικάνικες και βρετανικές απόψεις, που έχουν
σαν σημαίνοντα της κουλτούρας τους το
«γρήγορο», το «καλύτερο», την «ευτυχία» και
φυσικά τα «διαιτητικά παράγωγα» τους: πόλεμο
χωρίς να πεθαίνει κανείς, να τρως δίχως να
βάζεις κιλά- την αφαίρεση δηλαδή του
αρνητικού κομματιού της εμπειρίας λες και το
ένα μπορεί να συνυπάρξει χωρίς το άλλο.

Όταν ο Λακάν μίλησε για την «αρκετά κακή μητέρα», εννοούσε, πιστεύω, αρκετά κακή ώστε να μην είναι Η μάνα ιδανικό, αφού το χειρότερο δυνατό σενάριο είναι η ιδανική μητέρα που δεν έχει ελλείψεις: αυτή, η τέλεια μάνα, και πολλές φορές καθόλου γυναίκα, δηλαδή δεν είναι επιθυμούσα για οτιδήποτε άλλο εκτός από το να είναι μητέρα, βάζει το παιδί στο ρόλο του αντικειμένου που θα υποστηρίξει αυτόν το ρόλο της: αυτή η ιδανική μητέρα είναι η μάνα του σχιζοφρενή· ενός οργανισμού, ενός σώματος που δεν μπορεί να σταθεί από μόνος του, χωρίς τον τεράστιο ιδανικό Άλλο, που αποσυντονίζεται και προσανατολίζεται στην απουσία του.

Ο Λακάν έδωσε και κάποια παραδείγματα· μια μάνα ντυμένη στα μαύρα, που πενθεί συνέχεια, τέλεια αφοσιωμένη στα παιδιά της και το πένθος της, που υποστηρίζει μόνη της το σπίτι μετά το θάνατο του άντρα της, και που εμμένει με τα παιδιά της ακόμη στα χέρια της σαν άλλη παναγία με Θείο βρέφος- πάντα μωρά γιατί αλλιώς δεν μπορεί να είναι μάνα: που τα παραλύει και τα φορτώνει ενοχές επειδή κάνει τα πάντα για εκείνα, και, που αυτά, συνεχίζουν να είναι ανήμπορα στη ζωή τους ώστε να προσφέρουν στη μητέρα την απόλαυση της, αυτήν του να είναι ιδανική, «αρκετά καλή» μητέρα. Το θέμα συζήτησης δεν βασίζεται στο αν είναι αρκετά καλή η μάνα, αλλά, στο κατά πόσο το παιδί χρησιμοποιείται σαν αντικείμενο στη φαντασίωση της.


Αυτά για αρχή- θα γράψουμε περισσότερα.

## Η Καλή Κόρη, Παιδί μιας Καλής Οικογένειας.

Σαν κόρη, είχε κάνει τα πάντα, με βάση το κυπριακό ευαγγέλιο του πώς θα πρέπει να συμπεριφέρεται ένας σωστός άνθρωπος: καλή μαθήτρια, προσεγμένο σώμα, δεν πήγαινε στα καρναβάλια μπας και τη δει, ο κόσμος, να ξεφεύγει· ερωτεύτηκε στα δεκαεφτά ένα καλό παιδί· οι γονείς ήταν παρόντες, παρέα με τους γονείς του αγοριού, από τότε· τους κανόνιζαν διακοπές, δώρα κλπ, αφού είχαν και την οικονομική ευχέρεια. Σπούδασαν και οι δύο στην Αγγλία και έτσι μπορούσαν να τιτλοδοτηθούν το περιβόητο «είναι της Αγγλίας σπουδασμένοι», γαμπρός και κόρη, νύφη και γιος. Και, κατά τη διάρκεια των σπουδών της, κάθε μέρα, την ίδια ώρα, η κόρη έπρεπε να απαντήσει το τηλέφωνο και να μιλήσει για περίπου μια ώρα με τους γονείς της· κάθε μέρα, κάτι καθόλου διαφορετικό από το τι γινόταν όταν ακόμα ήταν μαθήτρια, που έμπαινε η μάνα της στο δωμάτιο και, σιγά -σιγά, σαν μάνα κατάσκοπος μεταμφιεσμένη σε «μάνα φίλη», άρχιζε τη συζήτηση για να ξεβγάλει, με τρόπο, την κόρη της, να σιγουρευτεί αν βρισκόταν στο σωστό δρόμο, με βάση εκείνο το κυπριακό ευαγγέλιο.

Τέλειωσε τις σπουδές της, χάρηκε λίγο με το φίλο της και μετά άρχισαν οι πιέσεις για το ποια δουλειά θα διάλεγε η κόρη- όχι πως είχε επιλογές αφού ακόμα και αυτό ήταν προκαθορισμένο: κατά προτίμηση των γονιών, μια θέση στο δημόσιο, ή τράπεζα, ή σε κάποιο ημικρατικό. Και μετά έπρεπε να κάνει παιδιά- αυτά είναι τα εντολοδόχα βήματα της κυπριακής ιεροτελεστίας σε εκείνο το ευαγγέλιο που αναφέραμε.

Ώσπου μια μέρα άρχισαν, έτσι ξαφνικά, κάτι περίεργες φοβίες- έτσι ξαφνικά ήθελε να ζήσει τον έρωτα, έτσι ξαφνικά συνειδητοποίησε πως δεν υπάρχει επικοινωνία με το σύζυγο της, έστω κι αν είχαν σπίτι στην καλύτερη περιοχή, έστω κι αν έπαιρναν αρκετές χιλιάδες κάθε μήνα, έστω κι αν είχαν περιουσίες, οικόπεδα, χωράφια, διαμερίσματα και εξοχικές κατοικίεςκαι καλά σχολεία, και σίγουρα καλά παιδιά. Μα ακόμα και σε αυτές τις περιπτώσεις, εκείνο το κυπριακό ευαγγέλιο έχει τις λύσεις του: γράφει, πως όταν φτάσει σε αυτό το σημείο η κατάσταση, ο κάθε ένας από τους δύο, μιλώ για το ζευγάρι, μπορεί να έχει τις παράλληλες σχέσεις του- να κλέψουν από τις αλήθειες της ζωής τους και να περάσουν παρακάτω. Και τελικά, να ζουν το καρναβάλι κάθε μέρα, όσο κι αν, φαινομενικά, το μισούσαν...

## Ο Κύριος των Μυγών.

Ο τίτλος δεν αναφέρεται στο αριστούργημα του William Gerald Golding ο Κύριος των Μυγών, και ούτε στην ετυμολογική επεξήγηση του διαβόλου που αναφέρεται στην αγία γραφή, του επονομαζομένου Βεελζεβούλ: δηλαδή, ο κύριος των μυγών· η αναφορά είναι για έναν «αρχηγό», που ήταν βασιλιάς, μα των μυγών, μια μεταφορική, δε θα την έλεγα μετωνυμία, που θα μπορούσε να σκιαγραφήσει πολλούς άντρες· ας γράψουμε πως ο τίτλος, τότε, είναι περισσότερο συσχετισμένος με άλλες μύγες, πιο κοντά ίσως στο διαβόητο παραμύθι με εκείνο το χαρακτήρα που έγραψε στη ζώνη του πως με ένα κτύπημα σκότωσε εκατό- αλλά δεν ανέφερε στην «ηρωική» επιγραφή πως ήταν μύγες.

Και γιατί να αλλάξει κάτι αυτός ο κύριος- αφού ο ίδιος δεν ένιωθε πως έκανε λάθη, έτσι δε μπορούσε να περάσει στη μετάνοια, δε μιλώ για τη θρησκευτική, και να κάμει αλλαγές στη ζωή

του· πάντα ήταν ευθύνη του Άλλου το τι
γινόταν, ένα μικρό παράδειγμα, το ότι αυτός
«οδηγήθηκε» σε φιλενάδες από τη στάση της
γυναίκας του. Που κάποτε μπορεί η γυναίκα, ή,
η σύντροφος, «να σπρώχνει σε αυτήν την
κατεύθυνση» μα υπάρχει και η ευθύνη εκείνου
που πράττει. Αυτός ο συγκεκριμένος όχι μόνο
φόρτωνε την ευθύνη στον Άλλο ώστε ο ίδιος να
βρίσκεται στη θέση του καλού Σαμαρείτη που
θυματοποιήται, αλλά φρόντιζε και να εκδικείται:
έτσι δε μπορώ να πω, πως απολάμβανε το να
είναι στη θέση του θύματος- μάλλον
χρησιμοποιούσε τη θυματοποίησή του, την
υποθετική, για να τιμωρήσει: μάλλον μιλούμε
για παρανοϊκή θέση και όχι διαστροφική. Και
έτσι όλοι όσοι ήταν κοντά του υπέφεραν, εκτός
κι αν υπήρχαν μάρτυρες για να δεσμεύουν το
λόγο του, κάποιος ηδονοβλεψίας μάρτυρας να
κοιτάζει- όπως είχε μάθει με τη μάνα του: τη
μύγα που πάει παντού: μια φαλλική, καθόλα
μητέρα, όπως θα έλεγε και ο Φρόυντ. Και
αυτός, το παιδί μεγάλης οικογένειας, ο
ζηλιάρης, που μειώνει τα παιδιά του για να
βρίσκεται ο ίδιος ψηλά.

# Ένας Άντρας που Ακόμα Τρέχει.

Έτρεχε· ήταν 45 χρονών και ακόμα έτρεχε δίχως να βρίσκει τον τόπο του· μα, και όταν τον έβρισκε δε μπορούσε να ηρεμήσει αφού ένιωθε πως έπρεπε να τρέχει: και σε αυτήν την ηλικία απότυχε παταγωδώς ο λόγος του τρεξίματός του, του αιτίου, που πυροδοτήθηκε, που άρχισε πριν πολλά, πολλά χρόνια, με τη φράση που αντηχούσε ακόμη στα αυτιά του- «Είσαι άχρηστος». Ακόμα, αν και κοντά στα πενήντα του, ήταν παιδί, το ίδιο παιδί που αποφάσισε να αποδείξει στο γονιό του πως έχει κάποια χρήση, δεν είναι ά-χρηστος. Και έκαμε σπίτια, οικογένεια, παιδιά που σπούδασαν, οικονομικά ευκατάστατος, γνωστός- ότι γράφει το βιβλίο για μια καλή ζωή· αυτά, και άλλα πολλά που νομίζουν οι άνθρωποι πως θα τους αποφέρουν ηρεμία, ή την ευτυχία.

Μια μέρα στέρεψε ο δρόμος, δεν μπορούσε να τρέχει και ήταν ακριβώς τότε που το σύμπτωμα του δεν ήταν, δεν μπορούσε πλέον, να είναι απολαύσιμο, που ξεκίνησε να σκέφτεται και να βιώνει το υπαρξιακό κενό- άλλου είδους τρέξιμο, σοβαρής μορφής. Ήταν εκεί, περίπου, στην αποτυχία των άλλων «οδών» διοχέτευσης του συμπτώματός του, που αποφάσισε να τηλεφωνήσει σε κάποιον ψυχαναλυτή.

## Κατά τη Θλίψη.

Ο άντρας βρισκόταν στο κρεβάτι του πόνου-σωματικού: μα δεν τον ένιωθε αυτόν αφού του είχαν χορηγήσει μορφίνη και πολύ, πολύ δυνατά παυσίπονα, σχεδόν, ή μάλλον, ναρκωτικά για να μπορεί το σώμα να μην νιώθει. Παρόλα αυτά εκείνος πονούσε, σκεφτόταν τα παιδιά του, δύο παιδιά κοντά στην εφηβική ηλικία, το μέλλον τους, την απουσία του, τον σκληρό κόσμο και το ότι δε θα ήταν εκεί αν κάποιο από αυτά τα παιδιά του χρειαζόταν να του απευθύνει το λόγο, και να πει «Παπά έχω πρόβλημα και θέλω βοήθεια, θέλω να μιλήσουμε». Δεν θα μπορούσε να το ακούσει αυτό, αυτόν το λόγο. Δεν θα αποκτούσε περισσότερη πείρα στη ζωή ώστε να τα κατευθύνει αν χρειαζόταν- θα ήταν απών. Αυτός ήταν ο πόνος που τον έτρωγε, και, παρόλο που δεν έλεγε τίποτε στους συγγενείς που τον επισκέπτονταν, η γυναίκα του και ο φίλοι του, και αυτοί πατεράδες, ήταν σε θέση, έστω και για λίγο, όχι ακριβώς στα ίδια παπούτσια, να διανοηθούν έναν πατέρα και το δραματικό σενάριο που σκέφτεται για το μέλλον τον παιδιών του.

Και μπήκε στην αίθουσα, μέσα, ο ειδικός, ένας «Ψ» ειδικός, που, αντικρίζοντας το παραμορφωμένο σώμα του άντρα, λόγω των επεμβάσεων, αποφάνθηκε ότι έχει κατάθλιψη και χρειάζεται να του χορηγηθεί φαρμακευτική αγωγή. Ο άντρας στο κρεβάτι του πόνου είχε καρκίνο, μάλλον ανίατο με πολλές μεταστάσεις- και κανείς, κανένα φάρμακο δεν μπορεί να στερήσει το δικαίωμα ενός πατέρα, ενός ανθρώπου, να περάσει αυτό το άγχος για το μέλλον των παιδιών του. Κύριε «Ψ» που, για να αντικρούσεις το δικό του άγχος κρύφτηκες πίσω από τη διάγνωση. Δεν ήταν ένας «καταθλιπτικός» μπροστά σου αλλά ένας πατέρας σκεπτόμενος, που σε λίγο ίσως να μην ζούσε. Και, αυτός ο «πόνος», αυτή η απάνθρωπη «κατάθλιψη» που είδες, αυτός ο πόνος, έστω και τρομερός όσο και ψυχικός, δεν είναι δείγμα και απόδειξη ζωής σε αυτή τη περίπτωση; Οπότε, άφησε τον να ζήσει... είναι δικαίωμα του.

# Πλούσιος Γάμος.

Η μια οικογένεια γνωστή, με λεφτά, γνωριμίες-
με καλό όνομα: εκείνο που θα αποκαλέσουν
εκείνοι οι θαυμαστές του πλούτου «πολύ καλό
κόσμο». Και η άλλη, στην ίδια διαδρομή, με
πολύ πιο λίγα λεφτά μα αρκετά, πολύ αρκετά,
και έτσι έπρεπε να ενωθούν οι δυνάμεις για να
είναι χαρούμενοι οι γονείς· της νύφης
περισσότερο, και από την άλλη ο πατέρας του
γαμπρού, άνθρωπος φιλόδοξος που σιγούρεψε
ότι θα μάθει στα παιδιά του ότι τα πάντα είναι
το χρήμα. Και έτσι παντρευτήκαν, δεν έχαναν
ποτέ κοινωνικές υποχρεώσεις, βάφτιζαν πολλά
παιδιά και σύναπταν τα πατροπαράδοτα
κουμπαριλίκια- άπλωναν τα πλοκάμια τους στην
κοινωνία: έτσι γίνεται με αυτές τις οικογένειες.
Και όταν παντρευτούν, για τα παιδιά μιλώ, είναι
πολύ δύσκολα για τις κόρες να χωρίσουν, ειδικά
όταν σε καθημερινή βάση βρίσκονται με τους
δικούς τους και φυσικά  όταν ακούν τη φοβική
μάνα τους να λέει ιστορίες για ρεζιλίκια και να
κουτσομπολεύει τους λόγους του χωρισμού,
κρατώντας ευαγγέλιο στα χείλη της, διαρκώς, το

ερώτημα σκεπάρνι του «Γιατί το παιδί του ενός ή του άλλου χώρισε»; Και φορούν καλά τις μάσκες τους, όπως και οι υπόλοιποι βέβαια, αφού από μικροί εκπαιδεύονται σε αυτό- τι άλλο θα μπορούσε να γίνει σε μια κουλτούρα που παιδεύεται να υποκινείται από και προς το Βλέμμα, και να προσδιορίζεται με βάση τις τύψεις; Και έτσι βρίσκεις σε αυτές τις περιοχές «καλού κόσμου» των καλών οικογενειών, λογιών παιδιά, καλά παιδιά για να πω την αλήθεια, το πολύ συχνό φαινόμενο του παιδιού που κάνει τα πάντα για να παντρευτεί μα δεν βρίσκει άντρα· ή το παιδί που, σε αντίθεση, έκανε τον καλό γάμο, με έναν άλλο πλούσιο, που περνάει το δράμα του συζητώντας τα του γάμου με τη μάνα και το πατέρα του- περισσότερο με τη μάνα που απολαμβάνει όσο τίποτε το να βασανίζονται οι γυναίκες, ταυτισμένη αυτή με το βασανιστή πατέρα της που την πάντρεψε με το ζόρι με ένα προικοθήρα κατά βάθος· και όλα αυτά μυστικά, δίχως να βγαίνει προς τα έξω τίποτε, και, στην παρουσία του βλέμματος, του τρίτου ατόμου, του κόσμου αν θέλετε, υπάρχει ένα αμερικάνικο πλατύ χαμόγελο, ευγένεια και εκείνες οι απαλές κινήσεις του σώματος, οι πουπουλένιες, που τις κάνουν οι καλοαναγιωμένοι. Δεν υπάρχει τίποτε άλλο να πούμε πέραν από αυτά που γράψαμε.

# Για τη Φανέλα

Όλα για τη φανέλα· τα χρώματα, τα ίδια, το ίδιο και το στυλ, σχεδόν· πρέπει να πιάνει τις λεπτομέρειες το μάτι σου, σαν τις γυναίκες, για να δεις τις διαφορές, μικρές διαφορές λογότυπου. Η τάδε κοινωνική τάξη θα φοράει κόκκινη Lacoste, μια άλλη χαμηλή τάξη, οικονομικά, θα ντύνει το κορμί της με Springfield, και οι λίγοι, εξαίρετη τάξη θα φοράνε Burberry, θα φοράνε Louis Vuitton για να κοιμούνται· υπάρχουν κι άλλες τάξεις, χωρίς λογότυπο. Και υπάρχουν και αυτοί που ενώ έχουν λεφτά, αγοράζουν και φοράνε copy έχοντας το σκεπτικό πως κανένας δε θα υποψιαστεί πως είναι μή αυθεντική η φανέλα λόγω της κοινωνικής τους θέσης: και έχουν δίκαιο. Κανείς δε μπορεί να προσέξει τη διαφορά σε αυτούς επειδή εκείνοι που τους βλέπουν χρειάζονται να τους κοιτάζουν με αυτόν τον τρόπο και να τους θέτουν σαν ιδανικό που θα προσπαθήσουν να φτάσουν: όπως ξαναγράψαμε, ο πλούσιος πληρώνει λίγα,

σχεδόν πάντα οι υπόλοιποι έχουν την ανάγκη
να τον κερνούν.


Και θα ακούς το βαρετό, πάντα το ίδιο,
ανάλογα με την εποχή, «Θα πάμε πάνω» ή το
«Θα πάμε Πλάτρες», ή, «Θα πάμε στο εξοχικό
μας», Πρωταρά ή σε κάποιο χωριό που είναι
της μόδας ανάλογα με την εποχή: και εκεί θα
βλέπεις τις ίδιες φανέλες, από τα ίδια σχολεία
της κάθε πόλης, τα ίδια κουτσομπολιά για το
ποιος χώρισε και με ποιον, παλιό συμμαθητή,
είναι αυτή η κοπέλα τώρα ή αυτός ο άντρας,
αρχίζοντας από εκείνο το κλασσικό πλέον
«Έμαθες τα νέα;»· και, σε βάθος χρόνου όλοι
είναι συγγενείς- μια μακρινή αιμομιξία: όλοι
φοράνε τις ίδιες φανέλες τελικά. Και, αν και η
ζωή λαμβάνει τόπο, όχι χώρα, σε νησί, νομίζεις
πως βρίσκεσαι σε μεγαλούπολη αφού κανένας
δεν είναι ήρεμος να απολαμβάνει το τι
προσφέρετε σε ένα νησί- για να ηρεμήσει
κάποιος πρέπει να είναι μαστούρης ή
αποκλεισμένος από το κοινωνικό σύνολο- και
θα φοράει φανέλες λερωμένες, αμαρκέ, θα
μιλάει για ένα, άλλου είδους, ιδανικό του τύπου
«Δεν πάω σε αυτούς τους τόπους επειδή είναι
για τους φλώρους»· έτσι λειτουργά η ζήλεια και

η αγάπη για τη φανέλα. Και διερωτάται,
κάποιος, ας πούμε, για ποιο λόγο πληρώνουν
για τούτες τις φανέλες: ποιος είναι ο λόγος του
κάθε χρέους αν όχι οι ταυτίσεις, οι αναγκαίες
κάτω από τις περιστάσεις, επειδή δεν πράττει το
υποκείμενο προς την επιθυμία του;

Ένα νησί που δημιουργεί τάφους, άτομα που
δεν εκφράζονται, δε μιλούν- που φορούν
φανέλες· πλεγμένα όμορφα και πολύχρωμα
σάβανα για νεκρούς.

## Οικογενειακές Νευρώσεις.

Αν και ο πατέρας ήταν τεράστιος σε σωματική διάπλαση, το παιδί τον έπλαθε με τις ζωγραφιές του μικρό, δίχως πόδια και χέρια- ένα πλάσμα άβουλο, αν λάβουμε υπόψη το τι έλεγε το παιδί· σιωπηλός, να διαβάζει την εφημερίδα του, να βλέπει τηλεόραση, να φέρνει δουλειά στο σπίτι, να δέχεται άτομα που χρειάζονταν τη βοήθεια του, στο σπίτι, και μαζί τους μιλούσε· δούλευε πολύ περισσότερο από το πόσο πληρωνόταν και ήταν για να διερωτηθεί, που ποτέ του δεν το έκανε, για ποιο λόγο πρόσφερε τόσα πολλά- γιατί είχε αυτήν την ανάγκη: και για να είμαι πιο σωστός, ανάγκη με την έννοια της απόλαυσης, εκείνης που διέπει την ασυνείδητη φαντασίωση του υποκειμένου και δημιουργήθηκε από τη συνάντηση του σημαίνοντος λόγου και του σώματος, ωθώντας στην επανάληψη της ορμής, και της ζωής μας; Πάει η ιστορία, πίσω στον δικό του πατέρα, που θα την πούμε μια άλλη φορά. Αυτά έχουν οι οικογενειακές νευρώσεις- ένας λόγος που δεν επαναλαμβάνετε, αλλά επαναλαμβάνει.

Δεν έμενε χρόνος για τα παιδιά του, μόνο η σιωπή του. Και, στο άλλο δωμάτιο, η μάνα με την κόρη αυτοκόλλητες, μάλλον όχι μάνα και κόρη αλλά αδερφές- και μια γιαγιά, στο «κάτω σπίτι» να διαφεντεύει τα πάντα, να τα ελέγχει, να μην δέχεται καν να αγοράσει η κόρη της δικό της πλυντήριο επειδή αυτό θα σηματοδοτούσε τον αποχωρισμό. Η μάνα του παιδιού, του μικρού που αναφέραμε πριν, μια φορά ανέφερε πως, αν και φοβόταν τη μητέρα της που ήταν πανταχού παρούσα και δεσπόζουσα του πατέρα, του παππού δηλαδή, του άλλου ανυπάρκτου λόγου στο σπίτι, αν και φοβόταν τη μάνα της όπως αρχίσαμε να γράφουμε, είχε συνδέσει το θυροτηλέφωνο στο υπνοδωμάτιο- και η σκέψη της όταν ερχόταν σε σεξουαλική επαφή με τον άντρα της ήταν αν το έκλεισε καλά, αν άφησε δηλαδή τη μάνα της έξω από αυτήν την προσωπική στιγμή: ένα καλό παράδειγμα ενός παιδιού, που, αν και μεγάλωσε σωματικά πλέον, ακόμα βρίσκεται σαν αντικείμενο στη φαντασίωση του γονιού· σε αυτή την περίπτωση του πανταχού παρών ηδονοβλεψία- που δεν επιτρέπει, για να σταθεροποιείται ο ίδιος, ή, η ίδια, τον αποχωρισμό: « Επειδή εγώ θέλω να είμαι δυνατή, εσύ πρέπει να είσαι η αδύνατη». Και είχαν, αυτές οι τρεις γενεές από κόρες, πάρει

171

αυτήν τη θέση πριν καν γεννηθούν. Με τα λόγια του Λακάν, το παιδί υπάρχει πριν καν τη σεξουαλική πράξη.

## Περί Σκοποφιλίας.

Ο όρος σκοποφιλία είναι μετάφραση εκείνου που ο Φρόυντ ονόμασε Schaulust, που σημαίνει ευχαρίστηση στο να κοιτάζει- κάποιος· ο Φρόυντ έκανε και διαχωρισμό του όρου σε παθητικό και ενεργητικό, δηλαδή, υπάρχει το υποκείμενο που του αρέσει να κοιτάζεται και αυτό που του αρέσει να κοιτάζει. Αυτό δεν είναι κάτι «κακό» απαραίτητα και δεν θα μπορούσε να χαρακτηριστεί κοινωνικά σαν διαστροφή, αφού εξαρτάτε από το περιεχόμενο και τι περιλαμβάνει αυτό το κοιτάζομαι ή το κοιτάζω, και, φυσικά, εξαρτάτε από την κουλτούρα μέσα στην οποία υπάγεται. Μια αποδεκτή μορφή, ελαφριάς σκοποφιλίας, αν θέλετε, είναι και η περιέργεια, εκείνη που οδηγείται από το «γιατί», που, με τη σειρά του, οδηγεί στη γνώση. Ίσως να μπορούσαμε να γράψουμε για μια ελαφριά, προγονική επιστήμη, μάλλον προσωπική του καθενός.

Κάποτε μπορεί να συνοδευτεί από ηδονή, σωματική, πέραν της ψυχικής- για παράδειγμα υπήρχε κάποιος που η γυναίκα του ήταν υπέρβαρη και σε καθημερινή βάση της έφερνε κυριολεκτικά σακούλια από παχυντικά φαγιά, ενώ εκείνος στεκόταν πίσω από την πόρτα και την παρακολουθούσε από την κλειδαρότρυπα- αυνανιζόμενος: και ιδού το διαστροφικά δομημένο υποκείμενο που στέκει περίτρανα στη θέση του βλέμματος. Ο διαστροφικός δε θέλει ανθρώπους αντικείμενα- αλλά, ας το πούμε άτομα που θα τα μετατρέψει σε αντικείμενα: αυτή είναι η απόλαυσή του, χωρίς τύψεις και ας ξέρει πως είναι εις βάρος του άλλου- «μα δε με νοιάζει, διότι χρειάζομαι την Απόλαυσή μου». Και πάλιν εδώ δεν μπορώ να μιλήσω για «πρόβλημα», διότι και η υπέρβαρη γυναίκα ποτέ δεν παραπονέθηκε: κατά τα λόγια της το απολάμβανε τόσο όσο και το μάτι στην κλειδαρότρυπα- και μετά με την σειρά της αυνανιζόταν και αυτή.

# Εκείνος που Πυροβολούσε το Θεό.

Ήταν αργά, θεοσκότεινα, πολύ αργά, αν το μηχάνημα σε αυτήν τη μονάδα μέτρησης του χρόνου του ιδίου είναι το «βλέπω» και το «δε βλέπω», όταν ο νέος πήρε το όπλο από το ερμάρι που υποθετικά το έκρυβε, και ανέβηκε στην ταράτσα. Μεθυσμένος, κάτω και από την επήρεια- και πάλιν όμως η ίδια σκέψη το βασάνιζε, η ίδια, όπως και πριν προσπαθήσει να την καταπνίξει, να την αποσιωπήσει στο μεθύσι και στις ουσίες, να μη συνεπαίρνει το κορμί του· οι λέξεις σχημάτιζαν προτάσεις, με ερωτηματικό στο τέλος, αινίγματα που δε μπορούσε να απαντήσει. Ο παπάς του χωριού, και ένας θεολόγος είπαν ότι ήταν μακριά από το Θεό και πως θα έπρεπε να στραφεί στη μετάνοια και το «σωστό δρόμο»· ο ψυχίατρος, ο ένας από τους δύο που τον έβλεπαν για κάποιο χρονικό διάστημα, έλεγε πως ήταν παρανοϊκός και έπρεπε να λάβει φαρμακευτική αγωγή για να έρθει σε άλλου είδους σωστό δρόμο, με μια

175

άλλου είδους θεία κοινωνία· και ο δεύτερος,
κάτι παρόμοιο είπε, ούτε καν άξιο αναφοράς-
μα που, φυσικά, είχε να κάμει με το «σωστό
δρόμο». Κανένας δεν ανέφερε τη σκάλα,
κανένας δεν το ρώτησε- μάλλον κανένας δεν τον
άκουσε πραγματικά- έτσι λειτουργεί αυτή η
επιστήμη του ψυχισμού, λαθεμένα, αφού ο
καθένας ακούει τη διάγνωση και όχι την εκφορά
του λόγου του υποκειμένου, του ανθρώπου: και
οι απαντήσεις, έστω κι αν έχουν διαφορετικές
περιγραφές, έχουν την ίδια δομή- ότι ο νέος
έπρεπε να πάει στο «σωστό δρόμο»· κανείς δεν
ανέφερε τη σκάλα, που τον στήριξε εκείνο το
βράδυ, με το όπλο στην πλάτη δεμένο, εκείνην
που τον ανέβασε στην ταράτσα. Στάθηκε, το
όπλισε και πυροβολούσε επάνω: πυροβολούσε
το Θεό επειδή τον τυραννούσε, τον βασάνιζε,
και του φώναζε «Γιατί με τυραννάς»; Θα
μπορούσε να ήταν άγιος αν οι εποχές ήταν
διαφορετικές, αν, δηλαδή ήταν γεννημένος σε
άλλη χώρα ή άλλη περίοδο όπου ο σωστός
δρόμος δεν υπήρχε κτισμένος ακόμα- ίσως σε
μια χώρα που οι σκάλες έριζαν άλλης σημασίας.
Μα δε μπορώ να γράψω ότι δεν ήταν στο
«σωστό δρόμο», ότι δεν ήταν κοντά στο Θεό,
αφού για να τον πυροβολήσει θα ήταν μάλλον
κοντά του, πολύ κοντά του. Όσο για την
παράνοια: τι ποιο παρανοϊκό από το «σωστό

δρόμο», την μαθηματικοποίηση της ζωής και της ανθρώπινης σκέψης, είτε αυτή υπάγεται σε μια θεία κατεύθυνση, είτε σε μιαν επιστημονική, αφού ο Μεγάλος Άλλος με τον ένα ή τον άλλο τρόπο είναι ακόμα στην ίδια λειτουργία;

Ένα άλλο ερωτηματικό- ακόμα δεν κατάλαβα ποια είναι η διαφορά εκείνου που θέλει να φύγει από τη σπηλιά για να δει το φως, και εκείνου που νομίζει πως το φως βρίσκεται μέσα στη σπηλιά, έστω και αν αυτό δεν είναι πραγματικό.

# Ο Κανακάρης και οι Αδερφές.

Ο γιος ο κανακάρης, περιτριγυριζόταν από τρεις αδερφές, πλάσματα ασήμαντα αφού για τη μάνα, σε αυτήν την περίπτωση, οι κόρες δεν μπορούσαν να είναι παρά- ακριβώς, δεν μπορούσαν παρά να βρίσκονται σε εκείνη τη θέση που τίποτε δεν πάει καλά: κόρες αποτυχίες, όχι σαν τον αδερφό τους. Αποτυχίες σαν τον πατέρα τους τον ανεπαρκή. Εκείνος, ο γιος, ποτέ δεν κινήθηκε εκτός αυτού του περιβάλλοντος-και πού να πάει, πού να πάει και να δεχθεί να χάσει αυτό το σκήπτρο· πράγμα δύσκολο να συμβεί. Αν και παραπονιόταν για τη μάνα του, τον τεράστιο αυτό χαρακτήρα στη ζωή του, δεν τολμούσε να ξεκόψει· το ψευτοέκανε δηλαδή, προσπαθώντας να δημιουργεί σχέσεις όπου ο Άλλος να είναι υποτελείς σε αυτόν, δούλος· αυτό είναι που απολάμβανε και στο οποίο βοηθούσε τη μάνα να «διαλύσει» τις κόρες. Υπάρχουν πολλοί τέτοιοι τύποι στο νησί: στην υπόλοιπη Ευρώπη

όχι σε τόσο βαθμό, αφού μιλάμε για άλλου
είδους μάνες, άλλου είδους κανακάρηδες.


## Ο Καλός Θείος.


Το αγόρι καθόταν στη μοτοσυκλέτα του θείου -
ένα καλός θείος, από εκείνους που
βρισκόντουσαν κοντά στην οικογένεια, εκείνο
το παραδοσιακό «πράμα» που, ίσως στην
προηγούμενη γενιά, να ήταν κατά πολύ
ιερότερο από τα παιδιά ενός ζεύγους. Ο καλός
θείος ήταν βοηθητικός, αστείος,
οικογενειάρχης, και με εκείνα τα σαχλά σχόλια
ερωτικού περιεχομένου, που συνηθίζουν οι
κυπριακές οικογένειες, προσφέροντας
φαντασιώσεις στις ιδιωτικές στιγμές των μελών
της ίδιας καλής οικογένειας, και στην
αυνανιστική δραστηριότητα τους. Υπάρχουν
διαφόρων ειδών καλοί θείοι· όπως εκείνος που
ρωτά το παιδί, όταν το βλέπει και είναι ανήσυχο
στο κάθισμα της μοτοσυκλέτας, «Γιατί
ταράσσεις· μήπως σε ενοχλεί το πουλί μου»; Τι
ήθελε να του πει το παιδί- μήπως να

επιβεβαιώσει το ενοχλητικό πουλί του διαστροφικού θείου;

Και υπάρχουν και πολλά, άλλα ερωτήματα, όχι στραμμένα προς το θείο μα προς το παιδί, και προπάντων προς τους γονείς- γιατί δεν μίλησε ποτέ το παιδί, και γιατί ήταν ανάγκη να μιλά το σώμα, μια ζωή, γιατί δεν άκουγαν οι γονείς εκείνο το σώμα που μιλούσε· μια ζωή μιλούσε.

Μιλούσε, ώσπου το τραύμα είχε γίνει σκοπός και κατεύθυνση· έτσι, μέσω αυτής της οδού, εκείνος ο Άγγλος, εκείνο το παιδί στη μοτοσυκλέτα, έπλασε μέσα από την ψυχανάλυση του και την ουσία του τραύματος ένα σκοπό- να μην κακοποιηθεί, όσο γινόταν, όσο μπορούσε, κάποιο άλλο παιδί· και υπάρχει, σαν γράφουμε, η θύμηση του φιλοσόφου, που έγραψε πως κάποιος πρέπει να έχει το χάος μέσα του για να πλάσει ένα λαμπερό άστρο.

# Περί Ομοφυλοφιλιών

Αυτές τις μέρες η κυπριακή κοινωνία έδειξε το
πόσο ευρωπαϊκή είναι· και γράφω τη
συγκεκριμένη λέξη με βάση το νόημα του
σημαίνοντος «Ευρωπαίος», όπως καθορίζεται
στη φαντασίωση του Κυπρίου: ένα ανώτερο ον.
Η ειρωνεία της προηγούμενης πρότασης
πηγάζει και από τη σημασία που έχει η αξία των
λεφτών στη νήσο των αγίων, και φυσικά εκείνων
των «ηθικών» προηγούμενων γενεών, που πάντα
είναι καλύτερες από τις καινούργιες, χωρίς ποτέ
να σκεφτούν ή να αναρωτηθούν, πως εκείνοι
ήταν «οι γονείς» της νεαρότερης γενιάς.
Παρουσιάζεται στο λόγο μας σαν κοινωνία, ότι
ο ομοφυλόφιλος κατέχει το ρόλο του Μεγάλου
Άλλου ενάντια στον οποίο θα πρέπει να
αντισταθούμε με οποιοδήποτε μέσο, και φυσικά
από τη θέση και προϋπό-θεση, ότι αυτοί οι
αγωνιστές και μάρτυρες της ηθικής, αυτοί οι

υποτιθέμενοι Ναΐτες του κανονικού και πατροπαράδοτου, για να του φορτώσουμε όλα τα κακά, για να μπορούν να πλαστούν πιο κοντά στο «καθ-άριοι», εννοώ οι προαναφερθέντες Ναΐτες.

Και στο θέμα μας, να απαντήσω σε μερικά σχόλια που άκουσα αυτές τις μέρες σχετικά με την παρέλαση υπερηφάνειας στην Κύπρο. Κατ' αρχήν, ο κάθε άνθρωπος έχει το δικαίωμα να εκφράζεται και να κάνει παρελάσεις- που είναι πολύ διαφορετικές από τις καταναγκαστικές παρελάσεις για την τιμή της εθνικής φρουράς, που αξιοθαύμαστα υποστηρίζονται από συγκεκριμένους βουλευτές και πολιτικά πρόσωπα, ευτυχώς όχι όλα, και που η στάση τους στη πολιτική ζωή δεν τους επιτρέπει να μιλούν για ηθική. Όπως ξανάγραψα, είναι όλοι αυτοί οι φανατικοί και «καλοί» πολίτες που έφεραν την κατάσταση στην Κύπρο στο σημείο που βρίσκεται. Δε θα ξεχωρίσω κανένα, γιατί, έστω και αυτοί που ήθελαν να πράξουν κάτι διαφορετικό και καλό για τον τόπο, απότυχαν. Έτσι η συζήτηση αν είναι φυσική ή μη η ομοφυλοφιλία είναι λανθασμένη και δε χρειάζονται οι γνώμες «επιστημόνων» σε αυτό

182

το θέμα: καμιά σεξουαλική πράξη, κατά τον Φρόυντ, δεν είναι κανονική, αφού στον άνθρωπο η σεξουαλικότητα δε σχετίζεται μόνο με την αναπαραγωγή, αλλά με την απόλαυση και τη φαντασίωση, που δεν θα αναπτύξουμε εδώ. Δηλαδή το σεξ γίνεται, ή δεν γίνεται, για την απόλαυση και πολύ λίγες φορές για την αναπαραγωγή. Άρα μια «φυσική» σεξουαλικότητα δεν υπάρχει. Επίσης, όσοι πολιτικοί είναι ταγμένοι «υπέρ πίστεως και πατρίδος», και ο τρόπος να το κάνουν αυτό είναι με το να κρίνουν και να εναντιώνονται στα απλά και βασικά δικαιώματα των πολιτών τους, που θα έπρεπε να αντιπροσωπεύουν, τότε ας διερωτηθούν πώς για τόσα χρόνια αρκετοί παιδόφιλοι τιμωρούνταν με μερικά χρόνια φυλακή και χωρίς καμία επιτήρηση κυκλοφορούσαν και κυκλοφορούν στην κοινωνία;

Και πάμε στο δικαίωμα των ομόφυλων ζευγαριών να υιοθετούν παιδιά- έγραψαν πολλοί ότι είναι αφύσικο. Ο κάθε άνθρωπος που θέλει να έχει παιδιά, ακόμα και όσοι είναι «βιολογικοί γονείς», κάτι που κατά τη γνώμη μου δεν υπάρχει καν σαν ερμηνεία της γονεϊκότητας,

183

πρέπει να υιοθετήσουν τα παιδιά τους έτσι και αλλιώς· πρέπει, δηλαδή, να δεχτούν και να δημιουργήσουν το νόημα και τη θέση του γονιού μέσα από το ερώτημα «τι είναι ένας γονιός». Το ότι γέννησε μια μάνα το παιδί δεν την κάνει μάνα, ούτε ακόμα αυτό το, λεγόμενο, μητρικό ένστικτο.

Αυτό το ανόητο, το χωρίς νόημα, που ακούεται, πως όταν ένας γονιός δε συμπεριφέρεται καλά, τότε είναι ψυχοπαθής, απορρίπτεται με το απλό επιχείρημα πως είναι τα παιδιά της προηγούμενης «σωστής γενιάς» που είναι «ανήθικα», αυτά των μη «διαλυμένων οικογενειών», αυτοί οι καθώς πρέπει Κύπριοι, που ανάθρεψαν τη βάρβαρη νοοτροπία του κανονικού και σωστού ανθρώπου στη νήσο των αγίων· όσοι ασχολούνται με παιδιά, νηπιαγωγοί, δάσκαλοι, ψυχολόγοι κλπ, ακόμα και ο οποιοσδήποτε άνθρωπος που απλά ακούει το πώς κάποιοι γονείς χρησιμοποιούν και συμπεριφέρονται στα παιδιά τους, μπορούν να μιλήσουν για σωρεία μανάδων και πατεράδων. Και, δεν μπορεί να συγκρίνεται η παιδεραστία με την ομοφυλοφιλία για να αποδυναμώσουν τις φωνές της ελεύθερης έκφρασης· δεν υπάρχει

184

καμία σύγκριση μεταξύ ενός παιδόφιλου και κάποιου ομοφυλόφιλου, έστω κι αν, πάλι, μιλάμε για απόλαυση· ο νόμος τιμωρεί την ενέργεια κάποιου που, χρησιμοποιώντας το σώμα του παιδιού, προσπαθεί να πάρει την απόλαυσή του. Όσο για τα ορφανά που έχουν δικαίωμα να «τραφούν με το γάλα της μάνας» και όχι να μεγαλώσουν σε οικογένεια ομοφυλοφίλων, θα ήθελα να σχολιάσω πως σχεδόν κανένας άνθρωπος δεν τρώει άμα πεινάσει και μόνο- ότι δηλαδή, θέλω να γράψω, η τροφή που λαμβάνει ένα παιδί, είτε είναι γάλα από το στήθος ή άλλης μορφής, παραλαμβάνει ένα συμβολισμό πέραν της βιολογίας του σώματος που πρέπει να συντηρηθεί. Αυτό το πολύ σημαντικό κομμάτι της θέσης ενός γονιού, μπορεί να το πράξει και ένα ζευγάρι ομοφυλόφιλων. Η φύση, ο οργανισμός και το περίφημο DNA, δεν υποτάσσει την ανθρώπινη φύση στο τι θα φάει και στο πώς να επιθυμεί σεξουαλικά, και αυτό ισχύει για τους ομόφυλους, όπως επίσης δεν προϋποθέτει το πώς κάποιος να είναι γονιός, ετερόφυλος ή ομοφυλόφιλος γονιός: ένας καλός πατέρας ή μια καλή μητέρα, θέσεις δύο ατόμων ανεξάρτητα από το φύλο τους, μπορούν να υπάρξουν σαν γονείς παρά τη σεξουαλικότητα τους, εφόσον αυτή δεν εισβάλει στο σώμα του παιδιού, όπως στην περίπτωση του παιδόφιλου.

Και, όσοι έχουν κάποια εμπειρία της ζωής, ίσως να πρέπει να μας πουν για αυτή- ότι δηλαδή ο πραγματικός «ππουσττάθρωπος» δεν είναι ο ομοφυλόφιλος. Οι πραγματικοί διαστροφικοί, εκείνοι που θέλουν να βασανίζουν τους άλλους και να παίρνουν ευχαρίστηση, σεξουαλική και μη, και που, στην Κύπρο, κρύβονται πίσω από ένα πλέγμα αγιότητας και του καθώς πρέπει: γι' αυτό και ο Λακάν, με τον ιδιόρρυθμο τρόπο του, είπε πως η μάνα του διαστροφικού είναι Αγία, δηλαδή, καθόλου γυναίκα.

Θα ήταν καλό να ξανασκεφτούμε από τι πραγματικά θέλουμε να προστατεύουμε την κοινωνία και τις οικογένειες μας- και δεν είναι από τη διαφορετικότητα του άλλου ατόμου, μα από τη δική μας «κανονικότητα»: είναι από αυτήν που υποφέρει το κάθε υποκείμενο.

## Περί Πορνείας και Αγιοσύνης

Το παιδί δεν εμπιστευόταν κανέναν· και πώς να
εμπιστευτεί αφού η ίδια η μητέρα της την
παρέδιδε στον αδερφό της, θείο της μικρής, για
τις σεξουαλικές του ορέξεις- αυτό γινόταν δύο ή
τρεις φορές τη βδομάδα, ανάλογα με τις
διαθέσεις, φαντάζομαι, του αδερφού· δεν είναι
εύκολο να γράφω τέτοιες προτάσεις, μια
δυσκολία που δεν μπορεί σίγουρα να συγκριθεί
με το τι περνούσε η μικρή· δε μπορώ να
περιγράψω με ακρίβεια το πραγματικό βίωμα
τη μικρής γιατί δεν ήμουν στο σώμα της-
αντίθετα με το Μαρκήσιο Ντε Σαντ, που με
μεγάλη ευκολία φαίνεται να έγραψε το
μυθιστόρημα του Αιμομιξία, περιγράφοντας με
την κάθε λεπτομέρεια, το πώς ένας πατέρας
διατηρούσε σεξουαλικές σχέσεις με την κόρη

του και έκαναν μαζί παιδιά. Και, αυτά τα πράγματα, δυστυχώς, δεν είναι μόνο στα γραπτά και τα άσχημα παραμύθια για να φοβούνται τα παιδιά- αυτά είναι αληθή βιώματα που δε λέγονται· παραμένουν κρυφά, παγιδευμένα στο σώμα του θύματος, που, αν καταφέρει και σταθεροποιηθεί, έχει την επιλογή να γίνει θύτης η θύμα: ακόμα μια επιλογή που δεν είναι πραγματικά επιλογή, είναι βιασμός, πάλιν. Αβοήθητη, ο πατέρας μέθυσος και στον κόσμο του ζαλισμένος όσες φορές ήταν στο σπίτι, οπότε ήταν, απλά ένα κομμάτι σχηματισμένης σάρκας: αυτός δεν είναι πατέρας, με βεβαιότητα δεν ήταν πατέρας. Η μικρή μεγάλωσε, δε μίλησε αλλά θυμόταν καθαρά το βλέμμα της μητέρας της, σε μια χαώδη σκηνή σαν θανατική εμπειρία, από τις πολλές που περνούσε και στο τέλος έγιναν μια, συνεχόμενη και η ίδια, έγινε τραύμα βαθύ, μαύρη τρύπα που ρουφούσε την ομιλία της, να κοιτάζει και να τη βλέπει καθώς εκείνη, η μικρή, ήταν από κάτω από το βαρύ σώμα του θείου της- δεν μίλησε: τι να πει ένα παιδί; Τι να πεις σε τέτοια μάνα;

Μεγάλωσε, και αυτό παραμένει ένα μυστήριο για μένα- πώς μεγαλώνει ένα παιδί που έχει αυτές τις εμπειρίες· τελικά το πιο ανθεκτικό υλικό του σύμπαντος είναι ο άνθρωπος, η λεγόμενη ψυχή του: πού βρήκε τη δύναμη να μεγαλώσει, έστω και έτσι· και σε μια από τις πολλές σχέσεις που είχε, σχεδόν και αυτές οι ίδιες, ήταν με ένα παντρεμένο, που, και αυτός, ερχόταν δύο με τρεις φορές τη βδομάδα στο σπίτι, στο υπνοδωμάτιο, ενώ η μάνα ήταν στην κουζίνα, συγυρίζοντας τα προϊόντα που είχε αγοράσει αυτός για το σπίτι της νεαρής, τότε κοπέλας, να φάει η μάνα να σπάσει· και πλήρωνε η μικρή για την όρεξη της μάνας, για τη βουλιμία της και το φόβο της πείνας. Μεγάλωσε ακόμα λίγο η νεαρή, θα μπορούσαμε τώρα να γράψουμε πως έγινε γυναίκα- τι είναι μια γυναίκα και τι θέλει: αυτή ήταν η μόνη αναπάντητη ερώτηση του Φρόυντ μετά από μια συνεδρία με τη Μαρία Βοναπάρτη, πριγκίπισσα της Γαλλίας και μαθήτρια του, ψυχαναλύτρια. Η μικρή, που έγινε νεαρή, κοπέλα, μετά γυναίκα- σωματικά τουλάχιστον, στο μάτι, άρχισε να δουλεύει, ήθελε να πάει εξωτερικό, στα πλοία, σαν σερβιτόρα· και όμως η ίδια μάνα της είπε, «Κοίταξε τι ωραία χαλιά και έπιπλα έχουν οι γονείς της Μαρίας», «Τα αγόρασε επειδή πήγε δουλειά στην Κύπρο». Και, στο τέλος, άρθρωσε το λόγο του βίαιου Άλλου η μάνα: «Να πας και εσύ- εκεί πρέπει να δουλέψεις». Ήξερε η μάνα για το τι γινόταν στην Κύπρο- εκείνη τη θεωρητική νήσο των αγίων- και των δαιμόνων, αφού, όπως το έχει το γνωμικό, ο διάολος υπάρχει εκεί που βρίσκονται άγιοι.

## Τη Μάνα σου- τον Παπά σου

Με τον ένα ή τον άλλον τρόπο, δυστυχώς, η οργή μεταξύ των γονιών θα στραφεί προς το παιδί, εκτός από τις εχθρότητες που μπορεί να έχουν μεταξύ τους: δύο συνήθη Κυπριακά φαινόμενα, που τα συναντούμε και σε άλλες χώρες αλλά η συχνότητα τους στη νήσο της ηθικής, της πατρίδας και της θρησκευτικότητας, τη νήσο με κλέφτες, κλέφτες και δειλούς- τέλος πάντων- όπως άρχισα να γράφω η συχνότητα τους στη νήσο Κύπρο με εξουσιάζει να γράψω «Κυπριακά», να τα κατοχυρώσω σαν εγχώριο προϊόν· και, υπάρχουν διαφόρων ειδών πατεράδες και μανάδες: εκείνος που μόλις χωρίσει ανανεώνεται, που για δέκα χρόνια γάμου, αν και είχε την οικονομική ευχέρεια, φορούσε τα ίδια ρούχα, που έκαμε εγχείρηση λέιζερ τα μάτια του για να μη φορεί γυαλιά-μόλις χώρισε, που, από τις δωρεάν διαφημιστικές φανέλες αγοράζει μόνο Lacoste, που άρχισε το γυμναστήριο απότομα, που σου μιλά και καλαμαρίζει- που έχει πρόωρη εκσπερμάτωση και εκφράζεται μόνο όταν νικήσει ή χάσει η ομάδα του, που είναι σαράντα χρονών και τρέμει τη μάνα του και τον πατέρα του- εκείνος ήταν στον κόσμο του, στα τραύματα του, και η μάνα του προσκολλημένη σε αυτόν, παντοδύναμη σχεδόν. Έτσι είναι ο ψυχαναγκαστικός που θεοποιεί τον πατέρα. Με τα παιδιά τους αυτοί οι άντρες είναι μητέρες, μάλλον γυναίκες κατά βάθος- και που ως πριν να χωρίσει απολάμβανε την απόλαυση που ο Λακάν την ονόμασε του ηλίθιου, τον αυνανισμό- όχι πως το σεξ δεν είναι αυνανισμός· αυτό είναι άλλο θέμα, θα γράψω αργότερα.


Και η γυναίκα, χωρίζει και στερεί από τον πατέρα τα παιδιά του, τον εκβιάζει, μιλά άσχημα για εκείνον· μετά διερωτάται τι έχει το παιδί της και είναι θυμωμένο, και δέρνει τους συμμαθητές του, και είναι απομονωμένο, και κτυπά, και τραυλίζει: ο πατέρας του παιδιού και ο σύζυγος της είναι δύο διαφορετικά πράγματα, αν θέλετε θέσεις, και η μάνα δεν το καταλαβαίνει και συνεχίζει να θρηνεί την απώλεια του άντρα της, ρωτά γι' αυτόν, κουτσομπολεύει ακόμα και μετά από αρκετά χρόνια χωρισμού, προκαλεί: μετουσιώνεται για ακόμα μια φορά σε μαυροφορεμένη μάνα της Κύπρου, με διαφορετικό τρόπο. Μα υπάρχει και η άλλη, που ακόμα δε χώρισε και φέρνει άλλο άντρα στο σπίτι- όχι πως είναι κάτι κακό το να κάμει σχέση- μα γιατί να το γνωρίσουν τα παιδιά, και να κάνουν τις ίδιες δραστηριότητες απλά με έναν άλλο άντρα στη θέση του πατέρα, που ακόμα καλά-καλά δε γνώρισε η ίδια. Αυτή, προβάλλει το σώμα της, τα στ-ήθη της, το σώμα της προς το βλέμμα, ταυτίζεται με την απαγορευμένη εικόνα της παιδικής της ηλικίας, της πόρνης που υποτίθεται ότι έχει το κλειδί της σεξουαλικής απόλαυσης, αλλά προσπαθεί να βρει «ένα σωστό άντρα»: και το γυρεύει σε τόπους όπου συχνάζουν «χαραμοφούμηδες», που έχουν φωτογραφίες με στοιβαγμένα δολάρια και ευρώ στο Facebook και αναφέρουν συχνά πυκνά την «ιερή» κουβέντα του κάθε άντρα προσκολλημένου στην Οιδιπόδεια μάνα, εκείνου που είναι πάντα παιδί, τελικά, και ποτέ άντρας, «Μόνο οι βλάκες δουλεύουν τη σήμερον ημέρα». Και αυτή, δεν το κατανοεί, ότι τον ταΐζει, ότι η τακτική του να παίζει και να μιλά με τα παιδιά της, ακόμη και να τα αποζητά, είναι η «δουλειά» του.

Και αυτά, από τα καλύτερα δυνατά σενάρια: υπάρχει και το χειρότερο, δηλαδή το να πυροβολεί ο γονιός τα παιδιά· ο πατέρας με όπλο και η μάνα τους με έναν άλλο τρόπο- που δε θα μάθουμε ποτέ...

## Θάνατος από Ντροπή

Εκείνος που είναι ειλικρινής δε μπορεί να πεθάνει από ντροπή- αυτό είπε ο Λακάν· και, για να διερωτηθούμε, ας σχηματιστεί το ερώτημα του «Πώς μπορεί κάποιος, ένας άνθρωπος, να πεθάνει από ντροπή»;

Ίσως να είναι η λάθος ερώτηση: και τότε να γράψουμε, «Πώς ζει κάποιος από και μέσα στην ντροπή»- αυτό κι αν είναι θάνατος και η πιο συχνή αιτία, ή τρόπος αν θέλετε, που περνά το χρόνο του αυτός, ή αυτοί, που φέρνουν ένα υποκείμενο στη ζωή, όχι για να το στηρίξουν

194

αλλά για τους στηρίξει: εδώ κρύβεται η ύπαρξη του γονέα που δε μπορεί να είναι στη θέση του πατέρα ή της μητέρας, που γεννάει κόρη «Για να της κτίσει από πάνω»- να μη φύγει ποτέ από κοντά τους, και που, το άλλο παιδί, αν επαναστατήσει σε αυτήν τη χρήση που τυγχάνει στο ασφυκτικό «επιθυμώ» του γονιού, καταστροφικό προς το παιδί, πληρώνει το τίμημα που αρμόζει σε επαναστάτη· η ντροπή φορτώνεται στο παιδί αφού η τελειότητα του γονιού δε δέχεται να απολέσει ούτε ένα εκατοστό από την απόλαυση του· δηλαδή, βλέπουμε γονιούς που πάντα είναι με τα παιδιά τους και ποτέ μόνοι τους, ποτέ ζευγάρι άντρα και γυναίκας, κι αν είχαν κάποια ζωή όταν ακόμα ήταν σε βρεφική ή παιδική ηλικία τα παιδιά τους, αυτό σταματά όταν αρχίζουν και ενηλικιώνονται μέσω της εφηβείας- και έχουμε κόρες που φέρνουν σε επαφή τους γονείς τους με τους γονείς του αγοριού τους, και αγόρια που εξιστορούν τις ερωτικές τους περιπέτειες προ της μάνας τους, που καμιά δε θα της μοιάσει, που μπορεί να δεχτεί την «άλλη γυναίκα» μόνο όταν εξυπηρετεί την ίδια, που αρρωστά με τα κλασσικά υστερικά συμπτώματα, καταθλίψεις, κρίσεις πανικού κλπ μόλις μάθει ότι ο γιος της γνώρισε κάποια την οποία δεν ελέγχει.

Αυτοί οι γονείς, μόνοι τους δε μπορούν ούτε λεπτό να αντέξουν την ίδια τους την παρουσία, γιατί απλώνεται μια τεράστια σιωπή μεταξύ τους, μια σχέση άχαρη, επαναληπτική, ψεύτικη, αναγκαία λόγω ντροπής: γι' αυτό το λόγο είναι λανθασμένη η αντίληψη που έχει ειπωθεί ή έχει γραφτεί ότι το παιδί γεννιέται μέσα από την επιθυμία των γονιών: ιδού και το επτακέφαλο τέρας του θανάτου από ντροπή, που κανένας ειλικρινής άνθρωπος, ως προς την επιθυμία του και την ηθική της, δεν κινδυνεύει να πεθάνει από αυτό- από αυτή μάλλον τη «ζωή θανάτου».

Και η γυναίκα- θέτει το σώμα της σε καθεστώς επιθυμητού, ακριβώς όταν ντρέπεται.

# 1 στα 5 Παιδιά: Τρώει τον.

Σκοπός να ειπωθεί η αλήθεια, όσο γίνεται, έστω και αν δεν είναι όλη- να ειπωθεί σκληρή, πολύ σκληρή όπως είναι στην πραγματικότητα της, πέραν από μια φρασεολογία που αποκλείει εκείνον που διαβάζει στο να μπει σ'εκείνη την, έστω φαντασίωση, τη θέση του κακοποιημένου, που ίσως να είναι καλύτερα να εκφράσω ως μια πάρα, πάρα πολύ διαβολική ποίηση και όχι κακο-ποίηση: δεν πρόκειται περί λογοτεχνίας.

Το 1 στα 5- δεν αναφέρεται στα ποσοστά ευστοχίας ενός μπασκετμπολίστα, μα, για τα στατιστικά στοιχεία που, πραγματικά δε μιλούν για την αλήθεια της παιδοφιλίας και το τι βιώνουν για μια ζωή, μερικές φορές δυστυχώς είναι για μια ζωή, τα θύματα τους: η ονοματοποιία του αδικήματος σα «σεξουαλική παρενόχληση ανηλίκου», ή, ακόμα, «σεξουαλική κακοποίηση» δε φέρνουν στο νου μας σχεδόν τίποτε- το αρρωστημένο, δηλαδή, ότι υπάρχουν πολλοί ανάμεσα μας που «Γαμούν παιδιά, βρέφη, μωρά», ανήλικα παιδιά σαν εκείνα που ξέρετε· οι αριθμοί 1 στα 5 δε λένε την αλήθεια, και ένας στατιστικολόγος ή ο οποιοδήποτε ασχολήθηκε με τη στατιστική θα σας πει για κάτι ποσοστά λάθους,1, 2, 5%, που στην πραγματικότητα, και για το θέμα που μιλούμε και όχι για κάποιου είδους εκλογική αναμέτρηση, σημαίνουν 1, 2,3, ή 5 ή 10 παιδιά πάνω κάτω που κατάφερε ή όχι ο κάθε αρρωστημένος, όχι άρρωστος, μα αρρωστημένος, να τους «τον ταΐσει»: να έχει στύση και να ικανοποιείται με εκείνο το παιδικό σώμα- να τα γαμά, κυριολεκτικά και μεταφορικά- εκείνα τα παιδιά που σαν ενήλικες με τον ένα ή τον άλλο τρόπο είναι «Fucked up»· σκεφτείτε τα παιδιά στο νηπιαγωγείο του γιου ή της κόρης σας, στο δημοτικό, στο γυμνάσιο- σκεφτείτε το παιδί σας: ένα στα πέντε από αυτά τα παιδιά, ακόμα και βρέφη, δέχονται

σεξουαλική επίθεση- και όχι το βλακώδες
δικηγορικό και τάχατες νομικό, και, δυστυχώς
πολιτικά σωστό «σεξουαλική παρενόχληση».
Και τι σημαίνει σεξουαλική παρενόχληση- ας
το περιγράψουμε λίγο: σκεφτείτε ότι ένας
ενήλικας αυνανίζεται μπροστά τους, ότι βάζει
ότι έπρεπε να του κοπεί μέσα στο σώμα τους,
στο σώμα του μωρού, ένα από αυτά τα πέντε
που έχετε ήδη σκεφτεί· και, σε μια φιλική
επίσκεψη που βρίσκεστε, πέντε μανάδες και
πέντε παιδιά να παίζουν, ποιο από τα πέντε έχει
ή κακοποιηθεί ή κακοποιείται, μια φόρα, ή και
συνέχεια;


Σε μερικά από τα άρθρα μου που θα
ακολουθήσουν, θα σκιαγραφήσω με ακρίβεια το
προφίλ, συμπεριφορές, τον τρόπο σκέψης τους,
και ό,τι άλλο είναι αναγκαίο για να μπορεί ο
κάθε γονιός να έχει κάποιο εργαλείο στα χέρια
του, να ξέρει: κάποιο εργαλείο πέραν της
σιωπής...

## Ο Χριστός Του Κουάπα.


Πρόσφατα έχει συζητηθεί, αρκετά θα έλεγα, αλλά όχι πάρα πολύ, το γεγονός της «εμφάνισης» του Χριστού σε γνωστό μπαράκι της Λεμεσού, ένας Ιησούς Χριστός «βιολογικά μεταλλαγμένος», όπου παρουσιάζεται με μάσκα παλιάτσου, μιας αναπαράστασης της οποίας η καλλιτεχνική ομάδα προσπάθησε να χρησιμοποιήσει σαν μεταφορά για το τι γίνεται στην Κύπρο: μεταφορά η οποία απότυχε παταγωδώς, επειδή, αυτήν τη χρονική περίοδο της κυπριακής ιστορίας, με την κρίση, την ανεργία, θα γράψω και την πείνα, κανένας δεν μπορεί να ταυτιστεί ή να τραυματιστεί, έστω και σαν αστείο, με και από την εικόνα ενός καλοαναγιωμένου Χριστού· ο κύριος λόγος που δε συζητήθηκε σε πολύ μεγάλο βαθμό αυτό το περιστατικό είναι γιατί δεν περιέχει κανένα φιλοσοφικό υπόβαθρο πίσω της η ενέργεια, ή, η παράσταση, της καλλιτεχνικής ομάδας του Κουάπα, που, κατά τη γνώμη μου, αν δεν πληρωνόταν από το μπαράκι μάλλον δεν θα είχε δουλειά, αφού η αντί-αντίδραση προς ιερά σύμβολα έρχεται όταν η κοινωνία και τα σημεία αναφοράς της, θρησκευτικά και μη, απειλούνται- και αυτό που παρουσιάστηκε στο Κουάπα ήταν γελοίο, αλλα όχι αστείο, ούτε καν ανέκδοτο· και δε μπορώ να χαρακτηριστώ σαν θρησκόληπτος ή θρησκευόμενος με τη γενική ερμηνεία των λέξεων, ή, μάλλον, θα είναι καλύτερα να γράψω με οποιαδήποτε ερμηνεία: για να υπάρχουν σοβαρές αντιδράσεις, που εμπνέουν τον κόσμο, πρέπει ο λόγος που περικλείεται και αρθρώνεται σε μια καλλιτεχνική πράξη να μπαίνει στην ψυχή του ανθρώπου, να την αναστατώνει- αυτό είναι μια εισήγηση για την επομένη παράσταση, με παλιάτσους ή όχι, με Χριστούς και Α-Χριστούς.


Παρόλα αυτά, το γεγονός ήταν αρκετό για να δούμε πολλές απόψεις της κυπριακής κοινωνίας σε σχέση με το συμβάν· από την ηλιθιότητα των καλλιτεχνών και την ανακοίνωση του Κουάπα ότι δεν ήθελε με κανένα τρόπο να προσβάλει τις θρησκευτικές αξίες, μια ανακοίνωση που αν διαβαστεί καταλαβαίνει κάποιος πως αυτό ακριβώς ήθελαν να κάνουν, με το μη καλλιτεχνικό τρόπο που το παρουσίασαν, μιας δηλαδή φτηνής απομίμησης, και πολύ κακής, μεγάλων συγγραφέων και καλλιτεχνών που είχαν μια φιλοσοφία πίσω από το τι έγραψαν ή ερμήνευσαν για τη ζωή του Χριστού, όπως ο Dario Fo, Jose Saramago, ο Νίκος Καζαντζάκης κλπ· και, από την άλλη έχουμε την ίδια ηλιθιότητα, μα που πηγάζει από έναν φανατισμό, από αυτούς που δεν αφήνουν τα παιδιά τους να γιορτάζουν τα καρναβάλια επειδή «είναι του διαβόλου»: πριν λίγο καιρό ένας φίλος έγραψε πως μερικά δρώμενα στην Κύπρο θυμίζουν Ιράν- και είχε δίκαιο· θα προσθέσω και κάποια άλλα Ιρανικά χαρακτηρίστηκα, υπονοώντας την «καλλιτεχνική» άποψη του Κουάπα, που θα ονομάσω με μια συνήθη έκφραση που αρμόζει στην περίπτωση, «Ο Θεός να την κάμει καλλιτεχνική»· και, έχουμε τους γονείς των παιδιών, τους φανατικούς από τη μια πλευρά, να χαίρονται που δεν επέτρεπαν στα παιδιά τους να πηγαίνουν στο μπαράκι αυτό, και από την άλλη τους ανοικτόμυαλους να λένε «Και τι έγινε» προωθώντας τα παιδιά τους να γίνουν ψευδό-επαναστάτες επειδή οι ίδιοι είναι καταπιεσμένοι σε γάμους που δεν θέλουν, σε τεράστια σπίτια που δεν τους χωράνε, σε σώματα που δεν έχουν κατεύθυνση στη ζωή, πνιγμένοι στα ευρώ που πρέπει να σπαταληθούν στη θέση της επιθυμίας τους που θυσίασαν: και υπάρχουν και οι άλλοι, που αρχίζουν να μιλάνε με το «Πρώτα ο Θεός», ένας Θεός πλασμένος στο μυαλό τους, που δεν του αρέσουν τα αστεία, οι παλιάτσοι του Κουάπα, που δεν βλέπουν το γελοίο της κατάστασης, γυναίκες που μετατρέπονται συμβολικά σε άντρες, και άντρες εκφραστές της θηλυπρέπειας, άντρες που πειράζουν παιδιά μετά από σαράντα μέρες νηστείας- και αυτούς τους ενόχλησε το Κουάπα και ένας παλιάτσος που δεν ήταν καν αστείος, απότυχε δηλαδή στο έργο του να μας διασκεδάσει, και ειδικά όλους αυτούς τους αγέλαστους: τους σοβαροφανείς του «καλού κόσμου». Χριστούς που υποφέρουν -πολλοί-συμπατριώτες μας δηλαδή που γίνονται σιγά σιγά μοντέρνα γλυπτά, αγάλματα της πείνας-αυτοί θα μπορούσαν άνετα να μπουν πάνω στο σταυρό του Κουάπα, και όχι ο, ας γράψουμε, αποτριχωμένος, πρησμένος και γυμνασμένος πούλουκος με τη μασκα του παλιάτσου· και, από την άλλη, το πραγματικό πρόβλημα της όλης κατάστασης είναι ότι υπήρχαν άτομα που θίχτηκαν με αυτό το «έργο τέχνης» – αυτό κι αν μπορεί να σχολιαστεί, αλλά δεν έχω την όρεξη, τουλάχιστον παραπάνω από αυτά που γράφτηκαν· τέλος πάντων.

Αν είναι αναγκαίο, που είναι, να γίνει κάτι πραγματικά επαναστατικό στην Κύπρο, αυτό θα πρέπει να έχει σύμβολο κάποιου είδους «Χριστό» που να μη φοράει μάσκα· ακριβώς αυτές οι μάσκες είναι η ρίζα του κακού: κάποιον που το σώμα του να παρα-λαμβάνει την ευθύνη του λόγου του και να πληρώνει το τίμημα της πράξης.

## Πρωινές Προσευχές Οικονομικής Κρίσης.

Η νεαρή γυναίκα, τριάντα και κάτι, βίωνε για
αρκετό καιρό την ίδια ιεροτελεστία με το που
άνοιγε τα μάτια της το πρωί, με ένα απέραντο
άγχος να μαζεύετε στο σώμα της, να πλάθεται
σε κουβάρι, σκληρό, σχεδόν όγκος, εκείνο το
πρίσμα που, όταν διασπάται, μετατρέπεται σε
πανικό· να καπνίζει τις εικόνες στο σαλόνι και
να προσεύχεται να μη γίνει το χειρότερο: με
αυτιστικό, επαναληπτικό τρόπο, σχεδόν
μυστικό, παρακαλούσε να εξοριστεί αυτό το
κακό και να γίνει ότι ήταν αναγκαίο για να
αποφευχθεί: εκείνο που την ξυπνούσε κάθε πρωί

με ανησυχία, και όχι μόνον εκείνην, και ενέπνεε το ομιλούν σώμα της να παραθέτει νοερά προσευχή, ήταν το να μην καταρρεύσουν οι Κυπριακές τράπεζες: «Πρέπει να σωθούν οι τράπεζες»· και, κρυφά, ακόμα και από τις ίδιές της τις προσευχές, να σκέφτεται, να υπολογίζει, πως τώρα με την κρίση θα μπορέσει να αγοράσει το σπίτι των ονείρων της σε καλύτερη τιμή· πρέπει να υπολογίσει το κατάλληλο χρονικό σημείο εκτός από τα λεφτά- νεαρή, όπως γράψαμε, από οικογένεια προσφύγων: έναν τάφο πολυτελείας, καθαρά κυπριακό, από εκείνους τους ακριβούς, με Ιταλικά μάρμαρα, ξύλινες πόρτες, με έργα τέχνης, με σαλόνια, με μεγάλες τηλεοράσεις για τον άντρα της τον παράγοντα που όλα τα ξέρει αλλά τρέμει τη γυναίκα του· αυτές οι σημαίνουσες παραλλαγές ενός λάκκου, της φαντασμαγορικής ερωτοτροπίας του Κύπριου με το θάνατο και όχι με τη ζωή, την επιθυμία του, υποδειγματικός επενδυτής του να πεθάνει τη ζωή του: ιδού και η αλήθειά του «Το σπίτι θα σου μείνει»: μόνο ένας αιώνια πεθαμένος θα έδινε τόση αξία σε ένα σπίτι, ένα τάφο, ή, εκείνος που θα ζει σαν φάντασμα μέσα από τη ζωή των παιδιών του: έτσι ξέρουν να γίνονται αθάνατοι οι δαίμονες· και κάθονται με τις φίλες της, και άλλους παράγοντες, υπέρμαχοι της

οικονομικής ανάκαμψης επί πτωμάτων,
συζητώντας για αριθμούς απάνθρωπους,
παγωμένοι σε μια εξίσωση λανθασμένη της
τάξης του «Είτε αυτό είτε το άλλο»: έτσι μιλά ο
χορτάτος για την πείνα- λέει, δηλαδή, πως είναι
και η πείνα μια ιδέα· και έτσι γίνεται ο χορτάτος
ένας άλλος μοναχός, γέροντας, σε κάποιο
δαιδαλώδες Άγιο όρος όπου ακούονται
μαθηματικές προσευχές.


Τελευταία σταμάτησε να προσεύχεται γι' αυτό
το θέμα αφού κατάλαβε την αξία της ζωής: το
παιδί της πέθανε.

## Κανονικοί Άνθρωποι

Κανένας δεν υποφέρει από την τρέλα- ο άνθρωπος υποφέρει από την προσπάθεια του να γίνει κανονικός· και, σε αυτήν την πορεία, τρελαίνεται: αυτά μου είπε, πιο παλιά, μια ψυχαναλύτρια, και αυτό φαίνεται να είναι μια, τουλάχιστον, πραγματική αλήθεια μέσα από το απρόσμενο πλάνο της ζωής, και, τουλάχιστον, αυτό άπτεται της ανθρώπινης εμπειρίας των όσων «κανονικών» και απάνθρωπων καταστάσεων ζούμε στην Κύπρο· από την ώρα που θα γεννηθείς, οι γονείς σε φορτώνουν με χρέος, είτε αυτό είναι ως προς τους δικούς τους γονείς, είτε ως προς τη ζωή που θα ήθελαν εκείνοι να ζήσουν, και που, ποτέ, δεν τόλμησαν γιατί δεν άντεχαν να πληρώσουν το κόστος της ελευθερίας από το χρέος· από τις πολλές ερμηνείες και προ-καταλήψεις για το πού τελειώνει μια ψυχανάλυση, γιατί δεν είναι κάτι το άπειρον, δεν είναι για πάντα δηλαδή, υπάρχει αξία σε αυτό- ότι δηλαδή, μια ψυχανάλυση σημειώνει το τέλος της, όταν ο αναλυόμενος δεχτεί να πληρώσει το τίμημα αυτού που απολαμβάνει, και, αυτό ακριβώς είναι η δική του τοπολογία, το σημείο που αρχίζει να μιλάει με την ευθύνη του λόγου του· αυτό κάνει την ψυχανάλυση σημείο αποχώρησης προς τη ζωή και όχι σημείο άφιξης στο δωμάτιο της συνεδρίας.


Ένα σημείο, μια διάρκεια που διαπραγματεύεται διαρκώς, εκείνο, δηλαδή, της ευθύνης του λόγου του υποκειμένου, που ο Λακάν το ονόμασε «γεμάτη ομιλία» αφού συνυπάρχει με την πράξη: αυτό, ίσως, ζητείται σαν ορόσημο ενός πολιτικού άντρα: μα, και αυτοί που υπάρχουν τώρα, θα στέκονται δαιδαλώδη γλυπτά, σαν παραλλαγές και κακάσχημα ανέκδοτα του τι θα ήταν καλό να

κατέχει ένας πολιτικός άντρας, επειδή ακόμα
πιστεύουμε σαν λαός σε εκείνον τον «κάποιον»,
και δεν εννοώ ή υπονοώ οτιδήποτε θρησκευτικό
εδώ, εκείνον το δυνατό ή πλούσιο κάποιον που
θα έρθει να μας σώσει- συχνή σκέψη και
φαντασίωση όποιου δεν αναλαμβάνει την
ευθύνη της πράξης και του τιμήματος της- που
παραδίνει τη ζωή του σε «κάποιον» που έχει
χεριά να κρατά και να πνίγει ζωές.

## Το Χρέος

Και νίπτω τα χείρας μου- από το νερό, όχι από
το αίμα· και- θα αρχίσω με το «και» επειδή
αυτό το κομμάτι γραφής είναι ένα μέρος, ούτε
αρχή ούτε τέλος, ούτε καν χώρος σκέψεως: και
ποιο είναι τελικά το πραγματικό χρέος ενός
Κύπριου στην περίοδο που ζούμε;

Και εσύ κύριε, πάμπλουτε, που κάλεσες του
μάστορες να κάμουν δουλειές στο σπίτι σου,
εκείνους που χάζευαν την πισίνα με το

γιαπωνέζικο γυαλί των 100,000 ευρώ για να σε
θαυμάζουν οι αποκάτω όταν κάμνεις το δελφίνι-
εσύ που έκαμες 4 μήνες να τους πληρώσεις
ώσπου τελικά πήγες πάνω στο χρηματοκιβώτιό
σου και έφερες μετρητά, λέγοντας «Φαίνομαι
για άνθρωπος που δεν κρατά λεφτά;»: καθόλου,
μα καθόλου, δε φαίνεσαι για άνθρωπος που δεν
κρατά λεφτά· λεφτά έχεις, αλλά δεν πληρώνεις.


Και εσύ κυρία μου, εσύ που μιλάς για τα σπίτια
του κόσμου, που  δε βαστούσε να τα αγοράσει,
αυτούς που πλήρωναν κανονικότατα πριν, έστω
με την φτώχεια τους, αυτούς που κατά την
γνώμη σου δεν έπρεπε να έχουν σπίτια ακριβά-
και μιλάς εσύ, που δεν υπήρξες ποτέ χρεωμένη-
που το μόνο σου χρέος είναι να κάμνεις χωρίς
αντίσταση πράξεις της κατά σιωπηλή διαταγή
υστερικής ατζέντας της επιθυμίας του πατέρα,
με το να σχηματίσεις εκείνη την εικόνα του
Cyprus Dream: σπίτι μεγάλο, δύο, τρία,
τέσσερα μωρά, δύο οικιακές βοηθοί· και, επειδή
τα έχεις όλα, χωρίς να έχεις τον παραμικρό
κόπο, γυρεύεις έναν άντρα που να κάμνει καλό
σεξ- όχι πως τον υπολογίζεις πραγματικά, όχι,
τουλάχιστον αφού σου προσφέρει τα παιδιά που
θα συμ-πληρώσουν εκείνη την εικόνα του

ονείρου: εσύ, με το χρέος προς τα όσα πλήρωσε η οικογένειά σου, που δεν τολμάς ποτέ, παρόλη τη ψευδό-δυναμικότητα που σου προσφέρουν τα λεφτά, δεν τολμάς να κάμεις τίποτα από μόνη σου· εσύ που λες πως το πρόβλημα της οικονομίας ξεκίνησε όταν άρχισαν να έχουν Harley Davidson και άλλοι εκτός από τον «καλό κόσμο»: σκάσε τουλάχιστον, απόλαυσε απλά αυτά που υποστηρίζεις- μα, επειδή δεν τα απολαμβάνεις πραγματικά, παίρνεις την απόλαυσή σου κρίνοντας και μισώντας τον «απλό κόσμο»: έτσι λέει όποιος είναι αφέντης και χρειάζεται υποτελείς για να λειτουργήσει η επιθυμία του.

Και εσύ κυρία τραπεζικέ, που λυπάσαι τον κόσμο που καθημερινά βλέπεις και έρχεται να διαπραγματευτεί, βασικά εκείνο που του ανήκει, και τους βάζεις όλους στην ίδια κατηγορία, ότι έχουν αλλά δεν πληρώνουν- εσύ που μιλάς για κάτι αόριστες, βλακώδεις ομαδικές υπάρξεις, απρόσωπες, που φοβούνται να μιλήσουν πραγματικά και ακόμα περισσότερο να αντιμετωπίσουν τον ανθρώπινο λόγο· γράφω για εκείνα τα «Θα δουν το αίτημα σου στη Λευκωσία», «Θα μας απαντήσουν από τα

212

κεντρικά γραφεία», «Δε μπορεί να αλλάξει το σύστημα της τράπεζας»· και γράφω για εκείνα τα μικρά γράμματα που συντρίβουν οικογένειες, που μεγαλώνουν και ταΐζουν σαν νέα τροφή, μια γενιά καταθλιμμένων ανθρώπων.


Και εσύ κύριε βουλευτή, ρόκολε, που όταν ανοίγεις το στόμα σου μόνο με τεχνικές ρητορείας μιλάς- για εμάς τους ηλίθιους, και ακόμα πιο πολύ για εκείνους τους ηλίθιους που τους κανόνισες δουλειά για να σε ψηφίσουν- παλιάνθρωπε: εσύ δεν έχεις χρέος, και προπάντων δεν έχεις ηθικό χρέος· συνεισφέρεις τα πάντα στην υπαρξιακή οντότητα ενός καινούργιου Μεγάλου Άλλου, από τον Τούρκο στη Χρεωκοπία: ποιος πατέρας και ποια μητέρα σε αναγνώρισε σαν γιο, να έρθουν να σου δώσουν έναν πάτσο· τελικά μόνο εσύ είσαι κακός χρεώστης: μόνο εσύ δεν πληρώνεις το τι οφείλεις στο λαό και τον κόσμο που σε ψήφισε: εσύ είσαι η ετυμολογία του μη εξυπηρετούμενου δανείου.

Και εσύ, που αγχώνεσαι για το χρέος στην τράπεζα, και σε βλέπουν τα παιδιά σου να λιώνεις, που βλέπουν έναν πατέρα ανήμπορο, να πνίγεται σε κάτι που ονομάζεται «τράπεζα» και «χρέος»: δεν είναι αυτό το χρέος σου αγαπητέ κύριε· σκέψου τι θα ήθελες να πεις στα παιδιά σου, ποιο, δηλαδή, είναι το πραγματικό σου χρέος σαν πατέρας, σαν μάγκας την ώρα της κρίσης: και, αν η πολιτεία, η τράπεζα, ή οποιοσδήποτε ή οτιδήποτε θέτει την πληρωμή της ηθικής ευθύνης της πράξης του και το τίμημα της στον Άλλο, με άλλα λόγια να πληρωθεί το ότι ο ίδιος απολαμβάνει, όπως ακριβώς γίνεται αυτήν τη στιγμή στην ιερά νήσο μας, τότε, χρέος σου προς το παιδί σου και προς αυτήν την ηθική γραμμή που διέπει τη θέση του πατέρα είναι αυτή: «Ας τα πιάσουν γιε και κόρη μου»· και, αν θέλεις να είσαι και αρκετά κακός, που το δικαιούσαι, θα μπορούσες να καταραστείς και να πεις, μάλλον να συμ-πληρώσεις στο προηγούμενο «...για να πληρώσουν τις αρρώστιες τους»· αυτό θα ξεκλειδώσει την πράξη και θα ξεπληρώσει το χρέος σου.

# Εκείνος που Αυνανίζεται με το Παιδικό Σώμα

Αγαπητέ φίλε: γράφω, όπως είπα, ξανά για το θέμα, για εκείνον και εκείνους- ζήτησες να ακούσεις περισσότερα:

Ο καλός θείος, ο θείος ο βλάκας, ο θείος ο τεμπέλης, που μόνο αυτός έπαιζε με το παιδί, γιατί οι γονείς του ήταν απασχολημένοι με τις εικόνες και τα είδωλα, το πώς να παρουσιάζονται στον κόσμο, στα οικογενειακά τραπέζια, στους φίλους- μόνο εκείνος γινόταν «παιδί» και του έδινε χρόνο, να γελάσει μαζί του, να τρέξει, να του πει «Είμαι πιο γρήγορος από εσένα»· έδινε στο παιδί ότι χρειαζόταν, το βλέμμα, το χρόνο, την ομιλία, την τροφή που χρειαζόταν για να μεγαλώσει, όχι σαν ανεπώαστος οργανισμός μα σαν άνθρωπος, και, στους γονείς, το ίδιο δοτικός- αφού ήταν ο βλάκας της οικογένειας, ο αποτυχημένος που, άμα τον σύγκρινες με αυτούς τους επιτυχημένους, που είχαν τις καλές κυβερνητικές δουλειές, που πήγαιναν ταξίδια κάθε χρόνο, ναι, ήταν ο αποτυχημένος: έτσι αναλώνονται τα παιδιά των δεμένων οικογενειών ακόμα και όταν γίνουν οι ίδιοι γονείς, σε κόντρες μεταξύ τους και στραβώνονται μπροστά στο δυνητικό φως της απόλαυση των «κακών ανθρώπων», και αυτό σε εισαγωγικά· έτσι δούλευε, μεθοδικά, ο παιδόφιλος και ας τον κατηγορούσαν ότι δε δουλεύει και πως έπαιρνε επιδόματα για να ζήσει· και ποια η δουλειά του δηλαδή: κατά την ακρίβεια, δε δίνει αυτό που ασυνείδητα χρειάζεται το παιδί, αλλά, περισσότερο, αυτό που θέλουν οι γονείς: και σε αυτήν την περίπτωση, οι γονείς του αγοριού χρειαζόντουσαν την «έπαρση» παρόλο που θα μπορούσες να τους χαρακτηρίσεις σωστούς και ταπεινούς- δεν ήταν· και, γι' αυτό, ξεγελαστήκαν από τον «ηλίθιο», τον «άχρηστο» της οικογένειας· ο παιδόφιλος, δε θέλω να γράψω διαστροφικός για διάφορος λόγους που δε θα εξηγήσω αυτήν τη στιγμή, διαβάζει, όχι μόνο το παιδί, αλλά και τους γύρω του, προπάντων τους γύρω του παιδιού, πατέρα, μάνα, γιαγιά· ξέρει πως πρέπει να μεθοδεύσει, να κάνει τα κακά μαγικά του, να τους κοιμίσει όλους: εκείνο που κάνει σχεδόν σε τελειότητα με ταχυδακτυλουργική μαεστρία, και το κάνει αρκετά καλά, είναι να τοποθετήσει τον Άλλο σε μια θέση ώστε αυτός ο άλλος να πληρώσει το ηθικό τίμημα εκείνου που απολαμβάνει ο ίδιος.

Η απόλαυσή του δεν βρίσκεται στη σεξουαλική πράξη αυτήν καθαυτή: όπως βέβαια και στον κάθε άνθρωπο, αφού υπάρχει η διάσταση, αν μπορώ να γράψω, που μπορώ, και το γράφω, της φαντασίωσης: αυτός απολαμβάνει το ότι μπορεί να ξεγελά, το παιδί, τους γονείς του, γι' αυτό και φοβάται περισσότερο από κάθε τι, να ξεσκεπαστεί η εικόνα του: έτσι, θα δεις εκείνον που νήστευε για σαράντα μέρες να τρώει το κρέας σαν τον κανίβαλο και να τρέμει, εκείνον που προσεύχεται ολημερίς αλλά «εισαγάγει» ιερόδουλες με το φίλο του, τάχατες για οικιακές βοηθούς, εκείνον που είναι της ηθικής και της ζωτικότητας να «κλέβει» ό,τι πιο ιερό υπάρχει για ένα παιδί: την εμπιστοσύνη· και το παιδί δε μιλάει, όχι γιατί οι γονείς δε θα ακούσουν, που υπάρχει και αυτό το ενδεχόμενο, αλλά επειδή θα τους στερήσει, αν μιλήσει, την απόλαυση τους: τη φαντασίωση του «κάποιοι είναι»· τουλάχιστον σε αυτήν την περίπτωση.

Αυτά προς το παρόν- ή, μάλλον, ας πούμε προς το μέλλον, ένα μέλλον που, τουλάχιστον, πιο λίγοι θα αυνανίζονται αγγίζοντας παιδικά σώματα: και μη σκέφτεστε εφηβικά κορμιά· το σώμα για το οποίο γράφω ήταν 4-5 χρονών.

## Από το Μάρτυρα στον Τζιχατιστή: Η σκηνή στη Σκηνή του Κόσμου.

Το φαινόμενο του «Ισλαμικού Κράτους» δε μπορεί να χαρακτηριστεί απλά σαν ακόμα ένα κίνημα φανατικών ισλαμιστών και μόνο, ταυτοποίηση και ονοματοποιία που αρέσκεται στο να προσφέρει αυθαίρετα ο φιλελεύθερος καπιταλιστικός λόγος, σε οποιασδήποτε μορφής κινήματα που αντιπαραθέτουν τα φαντασμαγορικά, και, όχι πιο λίγο βίαια, σημαίνοντα και σημαινόμενα τους, όπως: «ελευθερία», «δικαιοσύνη», «δημοκρατία», «ευτυχία», «ευημερία», ενώ είναι το ίδιο, αυτό το σύστημα, υποστηριζόμενο από τις παραδοσιακά πλουτοκρατικές χώρες των τελευταίων δεκαετιών, που έχει σχηματίσει ιούς, αντιδράσεις στην ιδιά του την τραγικότητα με

τη μορφή παραγωγής φανατικών, γιατί, χωρίς
αυτό το «μαύρο» κομμάτι του συστήματος, δε
μπορούν να σταθούν οι προηγούμενες
σημασίες· χρειάζεται, δηλαδή, αυτό το, πλέον
παγκόσμιο, σύστημα όπου ο «καλός» και ο
«δημοκράτης», ο «ελευθερωτής» των λαών να
μάχεται ενάντια στον τρομοκράτη, το φανατικό,
τον καταπατητή των ανθρωπίνων δικαιωμάτων-
και, σε τελική ανάλυση, οι δύο δε διαφέρουν και
πολύ μεταξύ τους: ο ένας είδωλο του άλλου,
τόσο αναγκαίος ο ένας στον άλλο σε σημείο
ερωτικής αγάπης που δεν εκτονώνεται διαμέσου
του ευγενικού δανεισμού του σώματος, αλλά,
διαμέσου του διαμελισμού του, απλά για να
αναπλαστεί ακόμη πιο βίαιος, μοντέλο σε
καινούργια έκδοση: αυτό είναι και το περιβόητο
DNA του σημαίνοντος.


Έτσι λειτουργεί το Σύμπτωμα, λογής και
παραλλαγής συμπτώματα που καταλήγουν στο
«Εγώ είμαι το συμπτωμα- εγώ ο ίδιος φέρω
ευθύνη για την επιθυμία μου και όχι ο Άλλος»·
όπως άρχισα να γράφω, δεν είναι απλά ένα
καινούργιο μοντέλο, του ίδιου συμπτώματος,
μιας γενεάς δηλαδή να διαδέχεται την άλλη
όπως το ίδιο μοντέλο γυναίκας, για παράδειγμα,

που ονοματίζεται στις οικογενειακές ιστορίες με το ίδιο όνομα, εκείνες που οι γονείς λένε χωρίς να το καταλάβουν- τέλος πάντων: υπήρξε μια μετάλλαξη στις θέσεις των Τζιχατιστών, για αρκετούς λόγους, μα να παραθέσουμε δύο βασικούς: πρώτον, να πούμε ότι δεν αντιπροσωπεύουν το Ισλάμ και τις αρχές του, όπως αυτές κατευθύνουν εκατομμύρια πιστούς σε ολόκληρο τον κόσμο· και, δεύτερον, και ίσως ο κυριότερος λόγος θα μπορούσαμε να πούμε, η ψυχική τοπολογία τους βασίζεται σε διαφορετική δομή σε σχέση με τον Άλλον: δηλαδή, ο αντιπρόσωπος του Θεού χειρίζεται το σώμα, το δικό του και του άπιστου με διαφορετικό τρόπο· και, ενώ είχαμε τα «ιδανικά» χρόνια, ακόμα όταν ο Αραφάτ ήταν νέος, με αεροπειρατείες, που στο τέλος οι όμηροι απελευθερώνονταν, ακραίες, με άλλα λόγια, ενδείξεις διαμαρτυρίας όπου το σώμα του Άλλου ήταν δέσμιο μιας αντίδρασης σχεδόν δίχως αίμα, προχώρησε το φαινόμενο σε πιο βίαιες μορφές, όπως την Αλ Γκάιντα και τώρα τους Τζιχατιστές του ισλαμικού κράτους: από ένδειξη διαμαρτυρίας με τόνους ιδανικών και σε αντίθεση προς τον καταναλωτισμό, που δράκωσε όταν έμεινε μόνος σαν η αλάδωτη ιδεολογία του πλανήτη, ενσαρκωνόταν παράλληλα όλο και περισσότερο και η μορφή του ακραίου Ισλάμ: από τη δεκαετία του εβδομήντα και μετά, στον μάρτυρα και την «ιερότητα» της αυτοθυσίας για τον Πατέρα όπου το σώμα του γιου διαμελίζεται για τη «θεία επί-κοινωνία» με τον Θεό που, το ιδανικό, έστω και βίαιο, ήταν να πεθάνει ο ίδιος ανάμεσα σε άπιστους.

Η αλλαγή αυτή, του φανατισμού, περνά από την παρανοϊκή δομή με μαζοχιστικά στοιχεία, όπου δηλαδή ο Άλλος έχει, ας το απλοποιήσουμε, καταδιωκτικό χαρακτήρα, ακόμα και ως προς το σώμα του μάρτυρα· και κατευθύνεται προς τη διαστροφική και σαδιστική δομή, θα μπορούσαμε να αναφέρουμε, πάντα ως προς το σώμα του Άλλου, μιας ασυνείδητης λειτουργίας που σ'αυτήν την περίπτωση είναι ενσωματωμένος, έχει σάρκα και οστά, μα, προπαντός, διαφορετικό μυαλό και τρόπο σκέψης, και αποκεφαλίζεται· ο αποκεφαλισμός ως πρακτική δε σκοπεύει μόνο στο να φοβίζει αλλά έχει και το συμβολικό χαρακτήρα του αλλάξτε κεφάλια ή μυαλά- θέλουν ένα σώμα, δηλαδή, ένα κορμί, χωρίς να σκέφτεται, καθαρά υποταγμένο στη δική τους ερμηνεία ως προς το ποια είναι η σωστή στάση προς το θείο· και γράφω «στάση» γιατί διαφέρει από την «κίνηση προς» το θείο με την οποία σημαδεύεται ένας θρησκευτικός τρόπος ζωής, και όχι μια ακίνητη εικόνα που είναι παρούσα στην παράνοια και σε περισσότερο βαθμό στη διαστροφική δομή, εκείνο που ο Φρόυντ θα αποκαλέσει Eine Andere Schauplatz, η άλλη Σκηνή, και αργότερα ο Λακάν θα το αναπτύξει ως ο Άλλος: σε αυτά υπάρχει μια διαφορά, κύρια, κυριότατη, για να κατανοήσουμε την αύξηση της βίας στις πράξεις των φανατικών: δηλαδή, η σκηνή για τον «παραδοσιακό» μάρτυρα, για παράδειγμα, των προηγουμένων χρόνων ή δεκαετιών, χωρίς αυτή να θεωρείται ιδανική κατάσταση, ήταν επικεντρωμένη στο πώς θα υπηρετήσει το έργο του θεού μέσω του δικού του θανάτου, και στο τι θα πάρει ο ίδιος· οι παραδείσιες ανταμοιβές ήταν αυτές που έθεταν τη σκηνή σε Άλλο επίπεδο, στον άλλο Κόσμο: ήταν μια ειρωνική ιδέα πιο κοντά στον καταναλωτισμό- η μεγάλη διαφορά όμως βρίσκεται στο χρόνο που εξελίσσεται η σκηνή: ο μάρτυρας σε λίγα δευτερόλεπτα ανοίγει την πόρτα της διαπραγματευτικής οδού με το Θεό, ενώ ο Τζιχατιστής παραμένει ζωντανός για να φέρει το Θεό στον κόσμο· από το κοσμικό, σχεδόν ουράνιο υπόβαθρο, η σκηνή μεταφέρεται εξελίσσεται στη γη, και μπορούμε να σκεφτούμε

το ρόλο του σώματος και τη χρήση του σε αυτό
το δραματικό υπόβαθρο, αν αυτή είναι η
ιδεολογία και παράσταση του Τζιχατισμού.


Λένε, ανακηρύσσουν, «Δεν είμαστε εδώ για να
υποτάξουμε αλλά για να ελευθερώσουμε», μια
πρόταση καθόλου δομημένη στη λογική του
«απλά λόγια» αφού υπάρχει το πέρασμα προς
την πράξη, μα, ούτε και του καθαρού νοήματος,
που χρησιμοποιείται από τους χειραγωγούς,
τόσο τους Τζιχατιστές όσο και τις Δυτικές
υπερδυνάμεις με διαστροφική ευχέρεια: ιδού η
διαστροφική απόλαυση της από-
υποκειμενοποίησης του ανθρώπου και του
καταντήματός του σε αντικείμενο, είτε αυτό
υπηρετεί την απόλαυση του Θεού εξυψωμένου
στην τυραννική θέση του ενσωματωμένου
νόμου, ή, του υπερ-εγωικού καταναλωτισμού
που προστάζει το υποκείμενο, που είναι πλέον
αντικείμενο σε αυτό το σύστημα, να μην
απολαμβάνει το τι καταναλώνει, αλλά να
απολαμβάνει το ότι καταναλώνει· και στις δύο
αυτές διαστροφικές φόρμουλες, θα έλεγα, και
λέγω κατά την ακρίβεια, διαλύεται η
διαφορετικότητα και η ελευθερία αφού
λειτούργει το ιδανικό της κλωνοποίησης, αν

θέλετε μιας ποιητικής συνταγής που παράγει κλώνους, τους ίδιους και απαράλλακτους· υπάρχει πίστη στο Ίδιο, στην ολότητα και ενότητα του νόμου που σε κανένα σημείο δεν είναι ελλιπές, και, έτσι, δε μπορεί να χαράξει δρόμο κενού προς την επιθυμία, η οποία χρειάζεται χώρο: αυτή είναι και η μόνη εναπομείνασα επιλογή, τότε, και εννοώ τη ναρκισσιστική επένδυση στον καθρέφτη, φαντασιακή και βίαιη, που δεν μπορεί να ανεχτεί το διαφορετικό· επίσης, το «Είμαστε εδώ», χωρίς να ονομάζεται ο τόπος, αλλά και αναλύοντας το γνωμικό στο περιεχόμενο της φιλοσοφίας και πράξης της οργάνωσης, μας παραπέμπει στο «Είμαστε σε αυτόν τον κόσμο, εμείς του άλλου κόσμου»: η ικανότητα της διαστροφής να φέρνει τη Σκηνή μέσω της ενσωμάτωσης της λειτουργίας του Άλλου στον κόσμο, είναι η δύναμη της τζιχατιστικής ιδεολογίας, αφού εκείνος που θα υποφέρει και θα κουβαλήσει το ηθικό και πραγματικό βίαιο βάρος αυτής της σκηνής επί του κόσμου, είναι το άλλο άτομο.


Το όνομα του ισλαμικού κράτους και των οργανώσεων που το συγκροτούν δένεται με ένα πολύ εύθραυστο και πολυσημικό όνομα, που δεν έχει τη λειτουργία, έστω γλωσσολογική ή φιλοσοφική του Proper Name αυτού καθαυτού· το proper name είναι μια λέξη, έγραψε ο Άγγλος φιλόσοφος John Stuart Mill, που απαντάει στο σκοπό του να δείξει και να κατανοηθεί η ερώτηση «Για ποιο πράγμα μιλάμε ή περιγράφουμε»· με απλά λόγια, είναι κάτι το σταθερό: στα αραβικά, τουλάχιστον φωνητικά, το άκουσμα της ηχολαλίας των συλλαβών που σχηματίζουν το «Ισλαμικό Κράτος» παραπέμπει στον ήχο του Αλλάχ, της λέξης Θεός, μια έννοιας φυσικά πολυπλοκότατης και που σημαδεύεται μέχρι τώρα στην ιστορία του ανθρώπου από την παρερμηνεία- μιας παρερμηνείας που δεν υπάρχει όμως κατά τον Τζιχατιστή αφού εκείνος που παρερμηνεύει είναι ο Άλλος· απλά, να γράψουμε, γιατί θα μπορούσαμε να αναπτύξουμε σελίδες και σελίδες πάνω σε αυτό το θέμα, ότι πρόκειται για ένα «κράτος» που έχει στο όνομα του το «Θεό» αλλά πράττει τις βιαιότητες που πράττει, και που έχει σαν κύριο γνωμικό το «Μένουμε και επεκτεινόμαστε» όπως ακριβώς λειτουργεί και μια ανίατη αρρώστια ή μερικές ομάδες όγκων: ο ιδανικός Τζιχατιστής είναι η προσωποποίηση και ενσωμάτωση του Todestrieb, της Ορμής του θανάτου που ανέφερε ο Φρόυντ, μιας ορμής, και δεν εννοώ κανένα γενετήσιο ένστικτο εδώ, που είναι αδάμαστη και απολαμβάνει το υπέρμετρο: και ακριβώς μπορεί και απολαμβάνει αυτήν τη βιαιότητα του υπέρμετρου επειδή το τίμημα πληρώνεται από κάποιον άλλο.

## Το Χέρι

Πανικοβαλλόταν· όταν οδηγούσε, όταν βρισκόταν ανάμεσα σε κόσμο, όταν πήγαινε για ποτό, όταν θα πήγαινε για καφέ με γνωστούς, με τη γυναίκα του- και ακόμα, το περίεργο για εκείνον, όταν θα διασταύρωνε το δρόμο: έλειπε εκείνο το χέρι που σε κρατά, να σε προστατέψει, αλλά, που όταν η παρουσία του γίνεται υπερπαρουσιαστική, για να εξυπηρετήσει περισσότερο εκείνο το υποκείμενο που θέλει να προστατεύει αντί εκείνον που θεωρητικά φοβάται, τότε το άτομο αρχίζει και χρειάζεται εκείνο το χέρι.

Με το ρολόι να τον καθοδήγα στο πού και πότε· να ξεφεύγει από την επιθυμία του με το να πίνει αμέτρητους καφέδες με φίλους του· και να θαυμάζει κρυφά «παράνομους» ως προς το ότι είναι ελεύθεροι και δεν καθοδηγούνται από εκείνο το «Άλλο χέρι» του πρέποντος λόγου, του ειδώλου· και, με γνώμονα το «Έτσι είναι η ζωή, δεν κάνουμε πάντα εκείνο που θέλουμε», ενώ στην πραγματικότητα δεν υπήρχε κανένα θέμα στο «πάντα εκείνο που θέλουμε» μα στο ότι δεν έκανε ποτέ κάτι, τουλάχιστον μια φορά, που ήθελε: έπινε καφέδες και έβλεπε τη ζωή να περνά από τα χέρια του, που δεν είχαν καμιά χρήση εκτός από το να κρατά τον Άλλον... και τον καφέ... και το ρολόι...

Τυπικότατα- με λαθεμένη πίστη στο τι είναι μια ψυχανάλυση, ρωτά: «Και τι θα γίνει αν μιλήσω και καταλάβω τα «γιατί» μου- τι θα γίνει;» Το ερώτημα, σε αυτού του επιπέδου σκέψεις, δεν είναι το τι θα γίνει, αλλά το τι θα κάνεις: χωρίς εκείνο το χέρι...

## Το Άρωμα

Του έφερνε αρώματα από τα επαγγελματικά της ταξίδια· θα έλεγε κάποιος ότι δεν είχε χρόνο να ψωνίσει στο σύντροφο της, ή, ότι ήταν από αυτές τις γυναίκες που δε ξέρουν τι ακριβώς θέλει ο άντρας τους: που, και αυτό, το τι είναι άντρας, ή, ακόμα, τι είναι μια γυναίκα, είναι ερώτηση πέραν της βιολογίας του σώματος.

Εκείνος, φορούσε τα αρώματά του- δεν κατάφερνε ποτέ να τελειώσει τα περίτεχνα και σκαλιστά πολλές φορές μπουκαλάκια και έμεναν όλα στη μέση, με άλλα να προσθέτονται, τα

παλιά να καταλαμβάνουν χώρο κάπου, σε
κάποιο ερμάρι στο υπνοδωμάτιο και να χάνουν
την αξία τους, αλλά όχι τη χρήση τους· να
αγοράζει τελικά ειδικό χώρο για τα τρόπαια της
θλίψης του, να προσπαθεί να τα εξυψώσει σε
αξιωματική θέση ώστε να μετουσιωθούν σε
ιδανικά και, σιγά-σιγά, να μυρίζει το σώμα του
όλο και παραπάνω το μαύρο χρώμα της
μελαγχολίας: το άρωμα δε μπορούσε να
καλύψει τη ματιά και τη δομή του λόγου του·
ανέφερε όνειρα- σε πολλά από αυτά ήταν
καλυμμένος με σκατά: υπάρχουν πολλοί τρόποι
για να μετατρέψει ο ψυχαναγκαστικός τον εαυτό
του σε σκατά, κυριολεκτικοί και μεταφορικοί,
και να ερωτοτροπήσει με το αντικείμενο της
ορμής του: το σκατό.


Αλήθεια, ήξερε ακριβώς αυτή η γυναίκα τι
χρειαζόταν η σχέση τους: ένα καλό άρωμα, για
να απλωθεί η μυρωδιά του πάνω από ότι
ακριβώς βρωμούσε.

# Περί Πολιτικής Ασκησιμότητας

Η νέα σχολική χρονιά αρχίζει με κροτίδες-
προμηνύοντας το τι μπορεί να ακολουθήσει, και
θυμίζοντας έναν απόηχο που ακόμα δεν
ακούστηκε από την κυπριακή υπνοβατούσα
κοινωνία, που, περιμένοντας λύσεις σε
ανύπαρκτα προβλήματα δεν έχει καν θυμώσει:
γιατί αν η ανοσία στη δικαιοσύνη οδηγήσει στα
φαινόμενα που παρουσιάζονται στην Κύπρο,
τότε, δεν είναι δυνατόν για ένα έλλογο ον να
σκεφτεί να αντιμετωπίσει τις καταστάσεις με τον
ίδιο τρόπο που ακριβώς τις είχε βρωμήσει
εξαρχής- αυτή είναι πράξη ενός «ασκήσημου»,
ετυμολογικά, δηλαδή, εκείνου που δε μπορεί να
ασκηθεί· σε αυτήν την περίπτωση, εκείνου που

δε μπορεί να ασκήσει το μυαλό του και να μάθει από τα παθήματα έτσι ώστε να αποκτήσει πείρα, δηλαδή γνώση. «Δεν αλλάζει εύκολα ο νόμος,» λένε οι παράνομοι, υπουργοί, δικηγόροι κλπ- χωρίς να ερωτηθούν ποτέ να απαντήσουν «Ποιος είναι ο λόγος που πληρώνονται, αν δεν είναι για να εξυπηρετήσουν, όχι κάποια ηθική ή ιδεολογία, αλλά τη λειτουργικότητα του νησιού».

Ποια είναι η χρήση μιας κροτίδας σε αυτήν την περίπτωση, αν δεν είναι για να λειτουργήσει σαν ξυπνητήρι- και, σίγουρα, μπορεί κάποιος να παρακάμψει την έρευνα σε αυτήν την ερώτηση με το να απαντήσει, απλά, να ερμηνεύσει, ότι πρόκειται για μεμονωμένα άτομα, αλήτες, ανώριμα υποκείμενα που δε μπορούν να σεβαστούν την κοινωνική σημασία του σχολείου: αυτές τις λέξεις και ερμηνείες θα τις ακούσει κάποιος μόνιμος κάτοικος Κύπρου, πρώτα από όλα, από τα στόματα των πολιτικών, εκείνων των ειδικών στο σεβασμό, την ωριμότητα, και προπάντων την ηθική.

Φυσικά, μόνο ένα διαστροφικός, θα σχολίαζε με τέτοιο τρόπο, γνωρίζοντας την ίδια ώρα ότι ο ίδιος είναι αυτός, που πάνω από όλους, απολαμβάνει εις βάρος των άλλων. Η έρευνα περί ασκησιμότητος θα πρέπει όμως να συνεχιστεί και φυσικά όχι μονομερής στο, δηλαδή, γιατί οι ασκήσημοι δε μπορούν να ασκηθούν- αλλά και προς την κατεύθυνση ενός άλλου ερωτήματος, που επίσης δεν αρθρώθηκε: «Γιατί χρειάζονται τους διαστροφικούς πολιτικούς οι ασκήσημοι, και γράφοντας «χρειάζονται» υπονοείται η επανάληψη του ίδιου φαινομένου σε τακτά χρονικά διαστήματα της σύγχρονης ιστορίας, του τραγικού μυθιστορήματος που πάλλεται στο να γεννά και να αναπαράγει σαν την αμοιβάδα κλώνους του τύπου και γένους Κατσιαρίστρα, ψεύτες, κλέφτες αλλά με λεφτά, που τα ζηλεύουν οι λοιποί και υπό-λοιποι· όχι κύριε, δε φαίνεσαι για άτομο που δε βαστά λεφτά, αλλά για άτομο που δεν πληρώνει. Γι' αυτό και η τιμωρία που αρμόζει σε αυτούς τους κυρίους είναι το ξεγύμνωμα και δέσιμο σε μια πλατεία· το βλέμμα της ντροπής πάνω τους- αυτό είναι που τους φοβίζει περισσότερο, περισσότερο και από το βλέμμα της Μέδουσας.

## Περί Οικονομικής Ηλιθιότητας

Παρακολουθώντας τον υπουργό οικονομικών Χάρη Γεωργιάδη σε μια τηλεοπτική συνέντευξη, δε μπορούμε παρά να διερωτηθούμε αν πρόκειται περί ηλίθιου, ή, αν είναι απλά ένας ηλίθιος που θέλει να φαίνεται ηλίθιος, για να νομίζουν οι άλλοι ότι στην πραγματικότητα είναι πολύ έξυπνος- η συνήθης τακτική, δηλαδή, ενός ηλίθιου. Ίσως να είναι το ίδιο ηλίθιος όσο και ορισμένοι, αν όχι όλοι, οι προκάτοχοί του στο ίδιο υπουργείο, όπως ο κύριος, πρώην υπουργός, Χαρίλαος Σταυράκης, που, όπως απέδειξε αυτή η χρονική περίοδος της «κρίσης,» πολύ καλύτερα θα ήταν αν είχε παραμείνει στις οικογενειακές επιχειρήσεις χαλιών, διότι, αν ρίξουμε έστω και μια βαριεστημένη ματιά με μια δόση μελαγχολίας σε οποιοδήποτε ετυμολογικό λεξικό, θα διαπιστώσουμε πως από το «χαλί» ως το «χάλι» απλώνεται μια τεράστια, σχεδόν ωκεάνια, διαφορά νοημάτων και σημαινομένων. Τι είδος σαρκοβόρου κράτους, ή πολιτικού τυραννόσαυρου, συμπεριφέρεται έτσι στους πολίτες του- «με το μαχαίρι ως το κόκαλο»;

Αυτοί, οι προαναφερθέντες, δεν είναι πιο λίγο ηλίθιοι από τον οικονομολόγο κύριο Μαυρίδη, που, ενώ ο ίδιος απόλαυσε τους καρπούς της δωρεάν εκπαίδευσης στην Κύπρο και, επίσης, δίδασκε οικονομικά σε μαθητές για το πώς θα φέρουν μια μελλοντική οικονομική κρίση σε άλλες δεκαετίες, μίλησε εναντίον της δωρεάν εκπαίδευσης και του γεγονότος πως, αν δεν πληρώνει κάποιος για τις σπουδές του, τότε, δε θεωρείται μια καλή επένδυση· δηλαδή, λέει με άλλα λόγια, ότι οι νέοι Κύπριοι από τώρα και στο εξής θα πρέπει να σκέπτονται το πώς μια σπουδή θα μπορούσε να αποτελέσει επένδυση, μια δουλεία που να φέρνει λεφτά. Φωστήρας-πράγματι, ο τέταρτος Ιεράρχης: που σκέφτηκε, ότι όποιος ενδιαφέρεται να σπουδάσει, ένα από τα πράγματα που είναι καλά να φιλοσοφήσει, θα είναι και το πού μπορεί να δουλέψει; Και, μολονότι έχει πρωτοποριακές απόψεις, κανείς δεν του είπε «Μπράβο ρε Μάριε· είσαι υποψήφιος για το Νόμπελ οικονομικών· φέρε αντίγραφα των διπλωμάτων σου και δύο φωτογραφίες διαβατηρίου για να σε βάλουμε δουλειά στη ΝΑΣΑ». Προσδιόρισε, ή, μάλλον όχι, τίποτα διαφορετικό από το πώς ήταν και πριν τα πράγματα στην Κύπρο, ένα σύστημα που το κάθε επάγγελμα, κάθε καλό και επενδυτικό επάγγελμα, βασιζόταν στο ποιες θέσεις θα άνοιγαν οι κυβερνήσεις της εποχής στο δημόσιο. Αυτό ήταν βέβαια μια υποδουλική εργασία της πολιτικής μάζας που καθόριζε τις σπουδές και τις «καλές επενδύσεις».


Έτσι, είχαμε τη δεκαετία των λογοθεραπευτών, των καθηγητών, των συμβούλων, των λειτουργών κλπ- το ιδανικό δεν ήταν η δουλειά στο δημόσιο όπως μπορεί να είναι φαινομενικά προβλέψιμο, αλλά, το να δουλεύει ο νέος για κάποιον Άλλο, αν μπορούμε να γράφουμε ένα Μεγάλο Άλλο· από τους γονείς στο κράτος και τις κυπριακές ολιγαρχίες, με τίμημα βέβαια τη θυσία της επιθυμίας του νέου, που μπορεί να σκιαγραφηθεί από τη σιωπηλά καταθλιπτική εικόνα του σπουδαστή που ζούσε μόνος του στο εξωτερικό και την επιστροφή του στο ίδιο δωμάτιο που άφησε, με τα διπλώματα του νηπιαγωγείου ακόμα στον τοίχο, και τους γονείς, σαν ένα άλλο Βατικανό στη μέση του κράτους, να απολαμβάνουν το ότι μπορούν να προσφέρουν, να παρακαλούν να βρει το παιδί τους κάποιον να το πληρώνει· ποτέ μόνοι μας, πάντα η σκιά του Άλλου. Είναι η ίδια απόλαυση που διακατέχει και ωθεί τον πολιτικό, το ότι προσφέρει σε κάποιον που το έχει ανάγκη, με την ίδια ευκολία που πληρώνεται η πόρνη· δεν πληρώνεται για το σώμα της· ή μάλλον θα ήταν πολύ καλύτερα αν ήταν δυνατό να βρυχηθούμε ότι, για να μπορεί ο Κύπριος πολιτικός να είναι χρήσιμος, είναι αναγκαίο ο πολίτης να είναι άχρηστος, να μην έχει χρήση παρά μόνο στο να υπηρετεί την οργασμική ευχαρίστηση του πολιτικού. Οπότε ο κύριος Μαυρίδης, που τα λόγια του μυρίζουν εκείνες τις νοοτροπίες που οδήγησαν τον τόπο σε αυτό το σημείο, απλά μας είπε «δουλειά με λεφτά»· ούτε καν σχολίασε το γεγονός ότι μια άλλη επένδυση ενός ατόμου σχετικά με τη σπουδή είναι η γνώση, και ότι αυτή είναι η κύρια διαφορά μεταξύ της «δουλείας» και της «δουλειάς»: σε αυτό απέτυχε το οικονομικό μοντέλο, και το μορφωτικό, γιατί, είναι εκείνοι οι μορφωμένοι της κάθε κυβέρνησης που πέρασε από αυτόν τον τόπο, που στέκουν σαν μολυσμένα παραδείγματα μιας «σπουδής επένδυσης». Εξάλλου, το ποιο σημαντικό, μια απλή άσκηση ισοζυγίου από ένα πρωτοετή φοιτητή λογιστικής, ή έναν ηλίθιο που δεν είναι οικονομολόγος, θα μπορούσε να δείξει ότι τα λεφτά που ξόδευε το κράτος για την παιδεία δεν είναι τίποτα μπροστά στα εκατομμύρια και δισεκατομμύρια που κατασπαράχτηκαν και απαιτούνται τώρα από τον πολίτη να τα πληρώσει.

Και επειδή αναφέραμε μια συγκεκριμένη συνέντευξη πιο πριν, καλό θα ήταν να σχολιαστεί περαιτέρω: με μια φράση του κυρίου Γεωργιάδη, είναι εύκολο να κατανοήσουμε έστω και αν είμαστε και εμείς το ίδιο ηλίθιοι, το τι θα ακολουθήσει στη διαδικασία του να σώσουμε τον τόπο- στη βίαιη εγχείρηση χωρίς νυστέρι και με «το μαχαίρι ως το κόκαλο»: ένα καθαρό ξεκοκάλισμα. Σωστά - με το μαχαίρι ως το κόκαλο, ως την καρδία άμα γίνεται· ας αρχίσουμε από τους πολιτικούς τότε κύριε υπουργέ. Αφού ο κύριος Γεωργιάδης ανέφερε στη δημοσιογράφο πως «οι τράπεζες πλήρωσαν το τίμημα τους,» είμαστε αναγκασμένοι να του απαντήσουμε, ακριβώς γιατί τώρα δεν είμαστε το ίδιο ηλίθιοι όπως και πριν από την «κρίση,» ότι μια τράπεζα δεν έχει κόκαλα, και, παρόλο που στα οικονομικά ή νομικά έχει κάποιου είδους οντότητα, δεν πρόκειται στ' αλήθεια για ον, να μπορεί να βιώσει την ανθρωπινή εμπειρία και τον πόνο του «θα φτάσουμε ως το κόκαλο». Οι Κύπριοι υπουργοί οικονομικών τα καταφέρνουν περίτεχνα με τα μαχαίρια και τα κόκαλα, ίσως τόσο όσο και ο μυθολογικός Προκρούστης ή άλλοι εξωπραγματικοί οργανισμοί που χρειάζονται οπωσδήποτε τον κατάλληλο τόπο για να εξελίξουν τις υπερδυνάμεις τους, μια κοινωνία που να τους επιτρέπει να ακουστούν και να μεταλλαχτούν - και, γι' αυτό, ο μόνος λόγος που ο ίδιος Χάρης δεν έγινε Σαμουράι είναι επειδή γεννήθηκε σε λάθος χώρα.